바로
바로

초등 **3**

필수

한자

바로바로 초등 3 필수한자

저 자 FL4U컨텐츠
발행인 고본화
발 행 반석북스
교재공급처 반석출판사
2024년 1월 15일 초판 1쇄 인쇄
2024년 1월 20일 초판 1쇄 발행
홈페이지 www.bansok.co.kr
이메일 bansok@bansok.co.kr
블로그 blog.naver.com/bansokbooks

07547 서울시 강서구 양천로 583. B동 1007호
(서울시 강서구 염창동 240-21번지 우림블루나인 비즈니스센터 B동 1007호)
대표전화 02) 2093-3399 **팩 스** 02) 2093-3393
출 판 부 02) 2093-3395 **영업부** 02) 2093-3396
등록번호 제315-2008-000033호

Copyright ⓒ FL4U컨텐츠

ISBN 978-89-7172-981-6 (63700)

바로
바로

초등 3

필수

한자

반석
북스

최근 사회가 디지털화 되어 감에 따라 학생들의 독서량이 줄어들고 있습니다. 독서량이 줄어드니 자연스럽게 학생들의 어휘력이 떨어지면서 기본적인 단어의 뜻을 모르거나 글을 읽고 의미를 파악하는 문해력이 떨어지면서 문제를 읽어도 이해하지 못하는 등의 문제가 생기게 됩니다.

이렇게 어휘력과 문해력이 떨어지는 현상은 학생들의 한자어에 대한 이해와도 관련이 있다고 할 수 있습니다. 한자어는 우리말의 약 70%를 차지하고 있으며 실제로 일상에서 자주 사용하는 단어들 대부분이 한자어인 경우가 많습니다. 한자어는 둘 이상의 한자를 조합한 단어이기 때문에 한자를 공부하면 그에 따른 많은 어휘를 배울 수 있고 처음 보는 어휘라도 한자를 통해 그 의미를 유추할 수 있습니다. 하지만 한자어를 구성하는 한자를 알지 못하면 해석에 한계가 생기게 되고 문해력도 떨어질 수 밖에 없게 됩니다. 그렇기 때문에 어렸을 때 한자를 학습하는 것은 아이들의 어휘력 향상과 학습에 많은 도움을 줄 수 있습니다.

이 책은 학년별로 익혀야 할 단어를 선별하여 단어의 뜻과 단어를 구성하는 한자를 함께 학습할 수 있도록 하였습니다. 또한 각 한자가 쓰이는 다른 예시 단어들을 추가하여 한자의 다양한 쓰임을 배우고 예문을 통해 단어가 문장에서 어떻게 쓰이는지 익힐 수 있도록 하여 어휘력과 문해력을 향상시킬 수 있도록 하였습니다.

이 책을 통해 한자를 처음 배우는 어린이나 입문자분들이 한자에 흥미를 가지고 한자를 쉽게 배울 수 있으면 좋겠습니다. 이 책이 한자를 학습하는 모든 분들께 도움이 되기를 바랍니다.

FL4U컨텐츠

목차

단어를 통한 한자 학습

평소에 자주 쓰는 단어의 뜻과 단어를 구성하는 한자를 익힐 수 있어 한자를 효과적으로 학습할 수 있습니다.
두 개의 한자로 이루어진 단어 60개를 수록하여 총 120개의 한자를 학습할 수 있습니다.

따라쓰기

획순과 부수를 참고하여 한자를 직접 따라 쓰면서 한자를 익힐 수 있도록 하였습니다.

어휘력

단원별 단어를 구성하는 한자가 쓰이는 다른 예시 단어를 각각 두 개씩 수록하여 다양한 단어를 배울 수 있어 어휘력을 향상시킬 수 있습니다.

문해력

학습한 단어가 문장에서 어떻게 쓰이는지 예문을 통해 배울 수 있어 문해력을 향상시킬 수 있습니다.

따라쓰고 문제 풀면서 배운 한자 복습

10개의 단원이 끝날 때마다 〈따라 쓰면서 복습〉, 〈문제 풀면서 복습〉, 〈마무리 퀴즈〉를 수록하여 앞에서 배운 한자를 복습할 수 있도록 하였습니다.

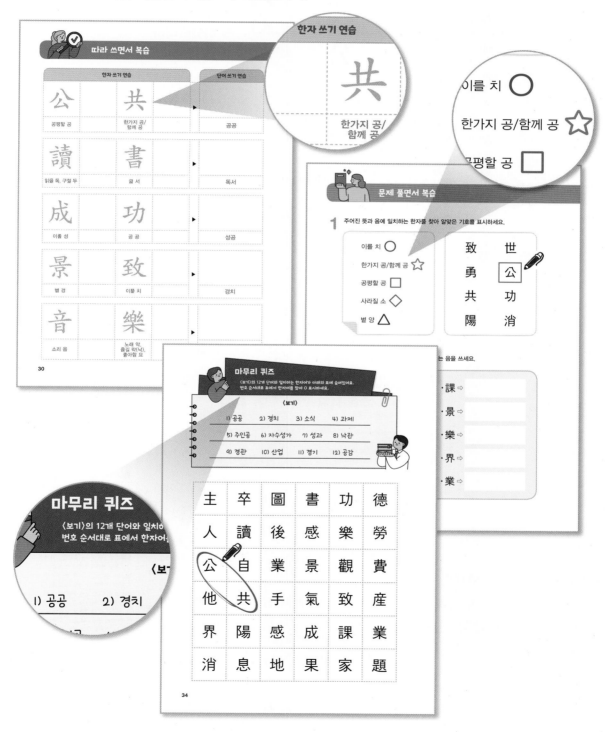

이 책의 특징

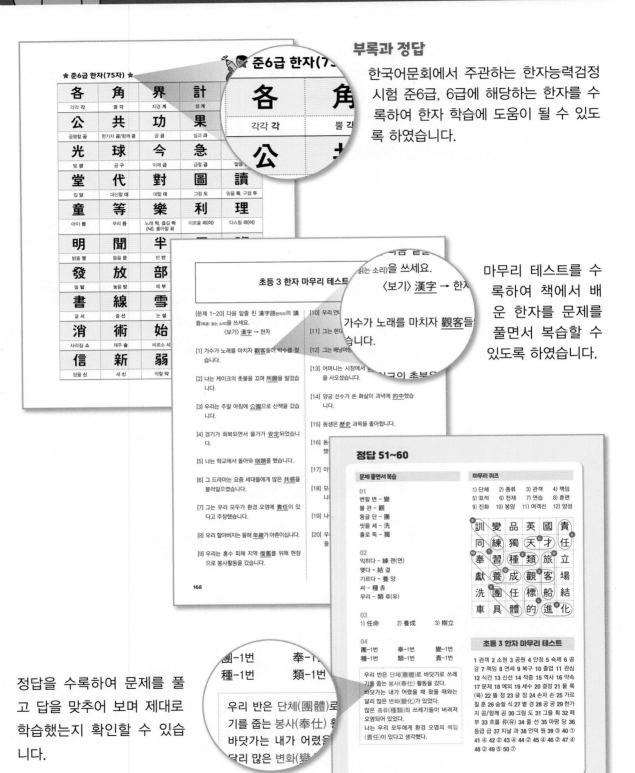

부록과 정답

한국어문회에서 주관하는 한자능력검정 시험 준6급, 6급에 해당하는 한자를 수록하여 한자 학습에 도움이 될 수 있도록 하였습니다.

마무리 테스트를 수록하여 책에서 배운 한자를 문제를 풀면서 복습할 수 있도록 하였습니다.

정답을 수록하여 문제를 풀고 답을 맞추어 보며 제대로 학습했는지 확인할 수 있습니다.

01~10

이번 장에서 배울 내용입니다.
한자의 뜻과 음을 보고
단어의 의미를 유추해보세요.

公 공평할 공   **共** 한가지 공/함께 공

成 이룰 성   **功** 공 공

音 소리 음   **樂** 노래 악, 즐길 락(낙), 좋아할 요

太 클 태   **陽** 볕 양

課 공부할 과/과정 과   **業** 업 업

讀 읽을 독, 구절 두   **書** 글 서

景 볕 경   **致** 이를 치

世 인간 세/대 세   **界** 지경 계

消 사라질 소   **息** 숨쉴 식

勇 날랠 용   **氣** 기운 기

公共

공평할 공   한가지 공/함께 공

公共(공공): 국가나 사회의 구성원들에게 공동으로 속하거나 관계되는 것.

획순 ノ 八 公 公				부수 八
公	公	公	公	公

획순 一 十 井 丼 丼 共				부수 八
共	共	共	共	共

어휘력 公과 共이 포함된 단어는 또 무엇이 있을까요?

바를 **정**

公 正

공정: 공평하고 올바름.

있을 **유**

共 有

공유: 두 사람 이상이 하나의 물건을 공동으로 소유함.

公 共

임금 **주**/주인 **주**   사람 **인**

主 人 公

주인공: 영화 또는 소설 등에서 사건의 중심 인물.

느낄 **감**

共 感

공감: 다른 사람의 주장이나 감정 등에 자기도 그렇다고 느낌.

문해력 公과 共이 포함된 단어는 문장에서 어떻게 쓰일까요?

나는 책을 빌리러 집 근처에 있는 <u>**公共**</u>도서관에 갔다.

그 드라마는 요즘 세대들에게 많은 <u>**共感**</u>을 불러일으켰다.

讀 書

읽을 독, 구절 두　　　　　글 서

讀書(독서): 책을 읽음.

| 획순 | `丶一亠亖言言言言訁訁訝誄讀讀讀讀讀讀讀讀讀讀 | 부수 | 言 |

讀	讀	讀	讀	讀

| 획순 | フコキヨ聿書書書書書 | 부수 | 日 |

書	書	書	書	書

어휘력 讀과 書가 포함된 단어는 또 무엇이 있을까요?

밝을 **낭(랑)**

朗 讀

낭독: 글을 소리 내어 읽음.

그림 **도**

圖 書

도서: 그림이나 책, 글씨 등을 모두 이르는 말.

讀 書

뒤 **후**　느낄 **감**

讀 後 感

독후감: 책을 읽고 난 뒤 느낌을 적은 글.

무리 **류(유)**

書 類

서류: 글자로 기록한 문서를 모두 이르는 말.

문해력 讀과 書가 포함된 단어는 문장에서 어떻게 쓰일까요?

그는 <u>讀書</u>를 많이 하여 박학다식하다.

☆ 박학다식(博學多識)은 학식이 넓고 아는 것이 많다는 뜻의 사자성어입니다.

<u>圖書</u>관에서 <u>圖書</u> 바자회를 열었다.

☆ 도서, 문서 등의 자료를 일반 사람들이 볼 수 있도록 한 시설을 도서관(圖書館)이라고 합니다.

成功

이룰 성   공 공

成功(성공): 목적하는 것을 이룸.

획순) 厂 厂 万 成 成 成   **부수** 戈

成	成	成	成	成

획순 一 丁 工 巧 功   **부수** 力

功	功	功	功	功

어휘력 成과 功이 포함된 단어는 또 무엇이 있을까요?

실과 **과**

成 果

성과: 일이 이루어진 결과.

덕 덕/클 덕

功 德

공덕: 착한 일을 하여
쌓은 어진 덕.

成 功

스스로 **자**   손 **수**   집 **가**

自 手 成 家

자수성가: 물려받은 재산 없이 스스로의 힘으로
집안을 일으키고 재산을 모음.

일할 **로(노)**

功 勞

공로: 어떤 일이나 목적을
이루는 데에 들인
노력과 수고.

문해력 成과 功이 포함된 단어는 문장에서 어떻게 쓰일까요?

우리 아버지는 어려운 환경에서 **自手成家**하여 성공하신 분이다.

그는 화재 현장에서 시민들을 구조한 **功勞**를 인정받아 표창장을 받았다.

경치

景致

볕 경   이를 치

景致(경치): 자연이나 지역의 모습.

획순	`丶 冂 冂 日 旦 早 昙 昙 景 景 景`			부수 日
景	景	景	景	景

획순	`一 工 互 互 至 至 至 至 致 致`			부수 至
致	致	致	致	致

어휘력 景과 致가 포함된 단어는 또 무엇이 있을까요?

볼 **관**

景 觀

경관: 자연이나 지역의 풍경.

다스릴 **리(이)**

理 致

이치: 사물의 정당한 조리.

景 致

뜻 **정**

情 景

정경: 감정을 불러일으키는 자연이나 지역의 모습.

말씀 **언**　다닐 **행**　한 **일**

言 行 一 致

언행일치: 말과 행동이 같음.

문해력 景과 致가 포함된 단어는 문장에서 어떻게 쓰일까요?

이 산은 주변 **景致**가 좋아 관광객이 많다.

우리 가족은 자연 **景觀**이 아름다운 강원도로 여행을 갔다.

音 樂

소리 음　　　노래 악, 즐길 락(낙), 좋아할 요

音樂(음악): 목소리나 악기를 통해 사상이나 감정을 나타내는 예술.

획순	＼ 亠 ㅗ ㅜ 立 产 音 音 音			부수 音
音	音	音	音	音

획순	＼ ｒ ｒ 白 白 白 伯 绐 绐 绐 绐 樂 樂 樂			부수 木
樂	樂	樂	樂	樂

어휘력 音과 樂이 포함된 단어는 또 무엇이 있을까요?

필 **발**

發 音

발음: 음성을 냄.

볼 **관**

樂 觀

낙관: 앞날의 일이나 세상을 밝고 희망적으로 봄.

音 樂

화할 **화**

和 音

화음: 높이가 다른 둘 이상의 음이 함께 어울려서 나는 소리.

메 **산**   물 **수**

樂 山 樂 水

요산요수: 산을 좋아하고 물을 좋아한다는 뜻으로 자연을 즐기고 좋아하는 것을 의미함.

* 樂은 '좋아할 요'로 쓰였습니다.

문해력 音과 樂이 포함된 단어는 문장에서 어떻게 쓰일까요?

합창단원들의 목소리가 **和音**을 이루며 무대에 울려 퍼졌다.

그는 열심히 공부하지도 않고 이번 시험 결과가 좋을 것이라고 **樂觀**했다.

世界

인간 세/대 세   지경 계

世界(세계): 지구상의 모든 나라.

획순 一 十 卄 卋 世   **부수** 一

世	世	世	世	世

획순 丿 冂 冃 冊 田 甲 男 界 界   **부수** 田

界	界	界	界	界

20

어휘력 世와 界가 포함된 단어는 또 무엇이 있을까요?

날 **출**

出世

출세: 사회적으로 높은 지위에 오르거나 유명해지는 것.

다를 **타**

他界

타계: 인간계를 떠나 다른 세계로 간다는 뜻으로 사회적 지위가 높은 귀한 사람의 죽음을 이르는 말.

世界

벼리 **기**

世紀

세기: 백 년을 단위로 하는 기간 또는 일정한 역사적 시대.

바깥 **외**   사람 **인**

外界人

외계인: 지구 이외의 행성에 존재한다고 생각되는 지적인 생명체.

문해력 世와 界가 포함된 단어는 문장에서 어떻게 쓰일까요?

그는 **世界**적인 학자의 **他界** 소식을 듣고 안타까워했다.

동생은 **外界人**이 나오는 공상 과학 영화를 좋아한다.

太陽

클 태 　　　　　　 볕 양

太陽(태양): 태양계의 중심이 되는 항성.

획순 一 ナ 大 太 　　　　　　**부수** 大

太	太	太	太	太

획순 ′ ３ ３ ㅏ ㅏ ㅏ ㅏ ㅏ ㅏ ㅏ 陽 陽 陽 　　**부수** ㅏ

陽	陽	陽	陽	陽

어휘력 太와 陽이 포함된 단어는 또 무엇이 있을까요?

처음 **초**

太 初

태초: 하늘과 땅이 생겨난 처음.

저녁 **석**

夕 陽

석양: 저녁때의 햇빛.

太 陽

평평할 **평** 큰 바다 **양**

太 平 洋

태평양: 오대양 중의 하나로 가장 큰 해양.

땅 **지**

陽 地

양지: 볕이 바로 드는 곳.

문해력 太와 陽이 포함된 단어는 문장에서 어떻게 쓰일까요?

상공에서 내려다본 <u>太平洋</u>은 넓고 푸르렀다.

봄이 되자 겨울잠을 자던 동물들이 <u>陽地</u>로 나와 햇볕을 쬐며 뛰어 논다.

消息

사라질 **소**   숨쉴 **식**

消息(소식): 안부나 상황에 대해 알리는 말이나 글.

획순 ` ` ⺀ ⺀ ⺀ ⺀ ⺀ ⺀ 消 消 消   부수 ⺀

消	消	消	消	消

획순 ` ⺀ ⺀ ⺀ 自 自 自 息 息 息   부수 心

息	息	息	息	息

어휘력 消와 息이 포함된 단어는 또 무엇이 있을까요?

될 화
消 化

소화: 먹은 음식물을 분해하여 흡수하기 쉬운 형태로 변화시키는 것.

쉴 휴
休 息

휴식: 일을 멈추고 잠깐 쉼.

消 息

쓸 비
消 費

소비: 돈이나 시간을 써서 없앰.

편안 안
安 息

안식: 편히 쉼.

문해력 消와 息이 포함된 단어는 문장에서 어떻게 쓰일까요?

그는 연락이 끊긴 옛 친구의 **消息**을 듣고 반가워했다.

우리는 산을 오르다가 쉼터에서 잠시 **休息**을 취했다.

課 業

공부할 과/과정 과　　　　　업 업

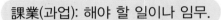

課業(과업): 해야 할 일이나 임무.

획순 ` ゛ ⺎ 言 言 言 言 訂 訂 詚 詚 評 課 課　**부수** 言

課	課	課	課	課

획순 ` ⺊ ⺊⺊ ⺊⺊ ⺊⺊ ⺀⺀ ⺀⺀ ⺀⺀ 丵 丵 業 業 業　**부수** 木

業	業	業	業	業

어휘력 課와 業이 포함된 단어는 또 무엇이 있을까요?

날 일

日 課

일과: 날마다 하는 일정한 일.

낳을 산

産 業

산업: 인간이 살아가는 데 필요한 여러 가지 재화나 서비스를 만들어 내는 경제적 활동(농업, 임업, 광업, 공업을 비롯하여 상업, 서비스업, 금융업 등을 포함하는 개념).

課 業

제목 제

課 題

과제: 해결해야 할 문제 또는 교육기관에서 학생들에게 내주는 연구 문제.

마칠 졸

卒 業

졸업: 학생이 일정한 규정이 있는 교과 과정을 마침.

문해력 課와 業이 포함된 단어는 문장에서 어떻게 쓰일까요?

> 아침에 일어나 운동을 하는 것이 나의 <u>日課</u>이다.

> <u>卒業</u>식 날 가족과 친구들이 나의 <u>卒業</u>을 축하해주었다.

☆ 졸업장을 수여하는 의식을 졸업(卒業) 뒤에 '-식(式)'을 붙여 졸업식(卒業式)이라고 합니다.

勇 氣

날랠 용　　　　　기운 기

勇氣(용기): 씩씩하고 굳센 기운.

| 획순 | ㄱ　ㄱ　ㄹ　ㄹ　ㄹ　百　百　甬　勇 | 부수 力 |

勇	勇	勇	勇	勇

| 획순 | ノ　ヒ　ヒ　气　气　气　気　氧　氣　氣 | 부수 气 |

氣	氣	氣	氣	氣

어휘력 勇과 氣가 포함된 단어는 또 무엇이 있을까요?

감히 **감**/구태여 **감**

勇 敢

용감: 용기 있고 기운참.

느낄 **감**

感 氣

감기: 바이러스로 인한
호흡 계통의 병.

勇 氣

호반 **무**   말씀 **담**

武 勇 談

무용담: 싸움에서 용감하게 활약하여
공을 세운 이야기.

볕 **경**

景 氣

경기: 매매나 거래에서의 경제 활동 상태(호황(好況)
또는 불황(不況)으로 나눌 수 있음).

문해력 勇과 氣가 포함된 단어는 문장에서 어떻게 쓰일까요?

그는 **勇氣**를 내어 불량배에게 괴롭힘 당하는 아이를 도와주었다.

나는 **感氣**에 걸려 며칠간 학교에 결석했다.

한자 쓰기 연습				단어 쓰기 연습
公		共		
공평할 공		한가지 공/ 함께 공	▶	공공
讀		書		
읽을 독, 구절 두		글 서	▶	독서
成		功		
이룰 성		공공	▶	성공
景		致		
볕 경		이를 치	▶	경치
音		樂		
소리 음		노래 악, 즐길 락(낙), 좋아할 요	▶	음악

한자 쓰기 연습				단어 쓰기 연습
世		界		
인간 세/대 세		지경 계	▶	세계
太		陽		
클 태		볕 양	▶	태양
消		息		
사라질 소		숨쉴 식	▶	소식
課		業		
공부할 과/ 과정 과		업 업	▶	과업
勇		氣		
날랠 용		기운 기	▶	용기

1 주어진 뜻과 음에 일치하는 한자를 찾아 알맞은 기호를 표시하세요.

이를 치 ◯

한가지 공/함께 공 ☆

공평할 공 ☐

사라질 소 ◇

볕 양 △

致　　世
勇　公
共　功
陽　消

2 주어진 뜻과 한자를 연결하고 한자에 맞는 음을 쓰세요.

볕 ·　　　　　· 課 ⇨

좋아하다 ·　　　　· 景 ⇨

지경 ·　　　　　· 樂 ⇨

공부하다 ·　　　　· 界 ⇨

업 ·　　　　　　· 業 ⇨

3 주어진 뜻과 어울리는 한자어에 O 표시하세요.

1) 글을 소리 내어 읽음.

朗讀 / 發音

2) 돈이나 시간을 써서 없앰.

産業 / 消費

3) 매매나 거래에서의 경제 활동 상태.

景致 / 景氣

4 다음 글을 읽고 주어진 한자가 각각 몇 번 나왔는지 그 횟수를 쓰세요.

독서의 계절인 가을을 맞아 나는 공공도서관에서

책을 한 권 빌렸다.

어느 용감한 기사의 무용담에 관한 책이었다.

주인공이 굉장히 용기 있고 멋진 인물이었다.

책을 다 읽고 학교에서 과제로 내준 독후감을 썼다.

讀 ····· ◯
圖 ····· ◯
勇 ····· ◯
共 ····· ◯
公 ····· ◯
課 ····· ◯

마무리 퀴즈

〈보기〉의 12개 단어와 일치하는 한자어가 아래의 표에 숨어있어요.
번호 순서대로 표에서 한자어를 찾아 O 표시하세요.

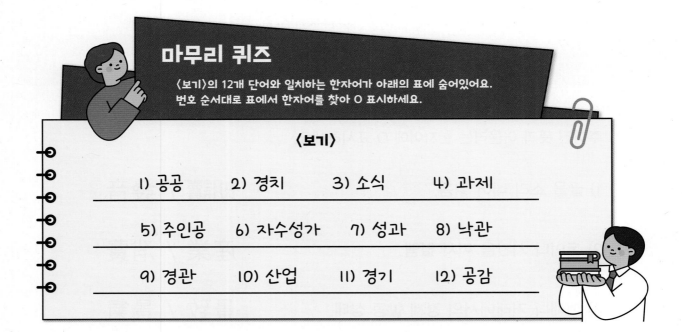

〈보기〉

1) 공공	2) 경치	3) 소식	4) 과제
5) 주인공	6) 자수성가	7) 성과	8) 낙관
9) 경관	10) 산업	11) 경기	12) 공감

主	卒	圖	書	功	德
人	讀	後	感	樂	勞
公	自	業	景	觀	費
他	共	手	氣	致	産
界	陽	感	成	課	業
消	息	地	果	家	題

11~20

이번 장에서 배울 내용입니다.
한자의 뜻과 음을 보고
단어의 의미를 유추해보세요.

文 글월 문 **章** 글 장

圖 그림 도 **形** 모양 형

半 반 반 **球** 공 구

教 가르칠 교 **訓** 가르칠 훈

子 아들 자 **孫** 손자 손

等 무리 등 **級** 등급 급

計 셀 계 **劃** 그을 획

歷 지날 력(역) **史** 사기 사

神 귀신 신 **話** 말씀 화

歲 해 세 **月** 달 월

11 문장

 文 章

글월 문 　　　 글 장

文章(문장): 생각이나 감정을 말이나 글로 표현할 때 완결된 내용의 최소 단위.

획순	＼ ㅗ ナ 文			부수	文

文	文	文	文	文

획순	＼ ㅗ ㅊ ㅊ 立 产 咅 音 音 章 章	부수	立

章	章	章	章	章

어휘력 文과 章이 포함된 단어는 또 무엇이 있을까요?

배울 **학**

文 學

문학: 시, 소설 등과 같이 사상이나 감정을 언어로 표현한 예술 작품.

그림 **도**

圖 章

도장: 표지나 증명을 나타내기 위해 개인, 단체 등의 이름을 나무나 돌 등에 새겨 문서에 찍도록 만든 물건.

文 章

차례 **서**

序 文

서문: 책이나 논문 등의 첫 부분에 내용이나 목적을 간략하게 적은 글.

달 **월**　별 **성**　글귀 **구**

月 章 星 句

월장성구: 문장은 달과 같고 구절은 별과 같다는 뜻으로 훌륭하고 아름다운 문장을 칭찬하는 말.

문해력 文과 章이 포함된 단어는 문장에서 어떻게 쓰일까요?

선생님께서 맞춤법이 틀린 **文章**을 고쳐 주셨다.

우리 언니는 대학에서 영**文學**을 전공한다.

☆ 영문학(英文學)은 영어로 표현된 문학 또는 그런 문학을 연구하는 학문을 말합니다.

等 級

무리 등　　　　등급 급

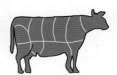

等級(등급): 높고 낮음 또는 좋고 나쁨을 여러 단계로 나누는 구분.

| 획순 | ノ ト ゲ ゲ ゲ 笁 笁 笁 笁 竺 等 等 | | | 부수 | 竹 |

等	等	等	等	等

| 획순 | ´ ㄠ ㄠ ㅎ 幺 糸 糸 糸 紵 級 級 | | | 부수 | 糸 |

級	級	級	級	級

어휘력 等과 級이 포함된 단어는 또 무엇이 있을까요?

넉넉할 **우**

優 等

우등: 우수한 등급 또는
성적이 뛰어남.

배울 **학**

學 級

학급: 한 교실에서 교육
받는 학생의 집단.

等 級

법 **식**

等 式

등식: 수나 문자, 식을
등호를 사용해 나타내는
관계식.

한가지 **동**　　　날 **생**

同 級 生

동급생: 같은 학급이나 학년의 학생.

문해력 等과 級이 포함된 단어는 문장에서 어떻게 쓰일까요?

나는 열심히 공부하여 학교를 <u>優等</u>으로 졸업하였다.

☆ 성적이 우수한 학생을 우등(優等)에 '-생(生)'을 붙여 우등생(優等生)이라고 합니다.

그는 이번 <u>學級</u> 임원 선거에서 반장으로 선출되었다.

13 도형

圖形

그림 도　　　　　　　모양 형

圖形(도형): 그림의 모양이나 형태.

획순 丨 冂 冂 冂 冂 冋 冋 圀 圌 圖 圖 圖 圖 圖　　부수 口

圖　圖　圖　圖　圖

획순 一 二 干 开 形 形 形　　부수 彡

形　形　形　形　形

어휘력 圖와 形이 포함된 단어는 또 무엇이 있을까요?

땅 **지**

地 圖

지도: 지구 표면을 일정한 비율로 줄여 평면에 약속된 기호로 나타낸 그림.

석 **삼** 뿔 **각**

三 角 形

삼각형: 세 개의 선분으로 이루어진 평면 도형.

圖形

뜻 **의**

意 圖

의도: 무엇을 하려고 하는 생각이나 계획.

법 **식**

形 式

형식: 겉으로 드러나는 모양이나 격식.

문해력 圖와 形이 포함된 단어는 문장에서 어떻게 쓰일까요?

그는 길을 잘 몰라 **地圖**를 보고 길을 찾았다.

수학 시간이 되자 선생님은 칠판에 **三角形**, 사각형 등 여러 가지 **圖形**을 그리셨다.

☆ '-각형(角形)' 앞에 숫자 '사(四), 오(五), 육(六)' 등을 붙여 사각형(四角形), 오각형(五角形)처럼 몇 각형인지 표현할 수 있습니다.

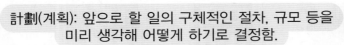

計 劃

셀 계　　　　　그을 획

計劃(계획): 앞으로 할 일의 구체적인 절차, 규모 등을 미리 생각해 어떻게 하기로 결정함.

획순 `丶 一 亠 言 言 言 計`　　　　**부수** 言

計	計	計	計	計

획순 `フ フ ヨ ヨ 聿 聿 聿 書 書 書 畫 畫 劃 劃`　　　**부수** 刂

劃	劃	劃	劃	劃

어휘력 計와 劃이 포함된 단어는 또 무엇이 있을까요?

헤아릴 **량(양)**

計 量

계량: 수량을 헤아림.

기약할 **기**　과녁 **적**

劃 期 的

획기적: 어떤 분야에서 새로운 시기를
열어 놓을 만큼 구분된 것.

計 劃

일백 **백**　해 **년(연)**　클 **대**

百 年 大 計

백년대계: 먼 앞날까지 내다보고 세우는 큰 계획.

구분할 **구**

區 劃

구획: 토지를 경계 지어
나눔.

문해력 計와 劃이 포함된 단어는 문장에서 어떻게 쓰일까요?

우리는 아무런 **計劃** 없이 무작정 기차를 타고 떠났다.

전구는 인류 역사상 **劃期的**인 발명품 중 하나이다.

半 球

반 반

공 구

半球(반구): 구(球)의 절반.

획순 ' ' ' ' ' 半   **부수** 十

半 半 半 半 半

획순 ー 一 三 干 王 王 玎 玎 玎 球 球 球   **부수** 王

球 球 球 球 球

어휘력 半과 球가 포함된 단어는 또 무엇이 있을까요?

한국 한/나라 한   섬 도

韓 半 島

한반도: 남한과 북한을 지형적으로
이르는 말.

찰 축

蹴 球

축구: 11명이 팀을 이루어 발로 공을
차서 상대방의 골에 공을 넣는 경기.

半 球

한 일   말씀 언   글귀 구

一 言 半 句

일언반구: 한 마디 말과 반 구절이라는 뜻으로
아주 짧은 말이나 글을 의미함.

들 야

野 球

야구: 아홉 명의 선수로 이루어진 두
팀이 9회씩 공격과 수비를 번갈아
하면서 승패를 겨루는 경기.

문해력 半과 球가 포함된 단어는 문장에서 어떻게 쓰일까요?

그는 친구가 **一言半句**도 없이 자신의 자전거를 마음대로 탄 것에 대해 화가 났다.

나는 가족과 **野球** 경기를 보러 경기장에 갔다.

16 역사

歷 史

지날 력(역)　　　　　　사기 사

歷史(역사): 인류 사회의 변천의 과정이나 중요한 사실 또는 사건의 기록.

획순 一 厂 厃 厃 厤 厤 厤 厤 厤 厤 厤 歴 歷 歷 歷　부수 止

歷	歷	歷	歷	歷

획순 丶 口 口 口 史 史　부수 口

史	史	史	史	史

어휘력 歷과 史가 포함된 단어는 또 무엇이 있을까요?

대신할 **대**

歷 代

역대: 대대(代代)로 이어
내려 오는 여러 대(代).

헤아릴 **료(요)**

史 料

사료: 역사를 연구하는 데에
필요한 유물이나 문헌.

歷 史

배울 **학**

學 歷

학력: 학교를 다닌 경력.

여자 **녀(여)**

女 史

여사: 결혼한 여자 또는 사회적으로
이름 있는 여자를 높여 부르는 말.

문해력 歷과 史가 포함된 단어는 문장에서 어떻게 쓰일까요?

그는 **歷史** 과목을 좋아한다.

이 책은 조선시대 당시 사회상을 알 수 있는 **史料**로 가치가 있다.

教 訓

가르칠 교   가르칠 훈

教訓(교훈): 앞으로의 행동에 지침이 될 만한 가르침.

획순 ノ メ ナ チ 孝 孝 孝 孝 矝 教 教   **부수** 攵

教	教	教	教	教

획순 丶 二 言 言 言 言 言 訓 訓 訓   **부수** 言

訓	訓	訓	訓	訓

어휘력 敎와 訓이 포함된 단어는 또 무엇이 있을까요?

기를 **양**

敎 養

교양: 학문, 지식 등 학식을 바탕으로 한 품위. 또는 문화에 대한 지식.

백성 **민**　　바를 **정**　　소리 **음**

訓 民 正 音

훈민정음: 백성을 가르치는 바른 소리라는 뜻으로 1443년에 세종대왕이 창제한 한글을 이르는 말.

敎 訓

배울 **학**　　서로 **상**　　길 **장**

敎 學 相 長

교학상장: 가르침과 배움은 서로 성장시켜준다는 뜻으로 가르치는 사람과 배우는 사람 모두 함께 성장함을 의미함.

집 **가**

家 訓

가훈: 집안의 조상이나 어른이 자손들에게 주는 가르침.

문해력 敎와 訓이 포함된 단어는 문장에서 어떻게 쓰일까요?

이 동화가 주는 **敎訓**은 형제간에 우애 있게 지내라는 것이다.

우리 집 **家訓**은 '근면'과 '성실'이다.

신화

神 話

귀신 신　　　　　말씀 화

神話(신화): 옛날 사람들의 사유나 표상을 나타내는 신성한 이야기.

| 획순 | 一 二 亍 亓 示 示 和 和 和 神 | 부수 ネ |

神	神	神	神	神

| 획순 | 、 二 二 言 言 言 言 訂 訃 話 話 | 부수 言 |

話	話	話	話	話

어휘력 神과 話가 포함된 단어는 또 무엇이 있을까요?

신선 **선**

神 仙

신선: 인간세계를 떠나 도(道)를 닦고 자연과 벗하며 사는 상상의 사람.

아이 **동**

童 話

동화: 어린이를 위해 쓴 이야기.

神 話

정할 **정**

精 神

정신: 영혼이나 마음.

제목 **제**

話 題

화제: 이야기의 대상이 되는 재료나 소재.

문해력 神과 話가 포함된 단어는 문장에서 어떻게 쓰일까요?

단군 **神話**는 우리 민족의 기원과 관련된 **神話**이다.

내 동생은 **童話**책 읽는 것을 좋아한다.

子 孫

아들 자   손자 손

子孫(자손): 자식과 손자를 모두 이르는 말.

| 획순 | ㄱ 了 子 | | | 부수 | 子 |

子	子	子	子	子

| 획순 | ㄱ 了 子 孑 孒 孫 孫 孫 孫 孫 | 부수 | 子 |

孫	孫	孫	孫	孫

어휘력 子와 孫이 포함된 단어는 또 무엇이 있을까요?

인간 세/대 세

世 子

세자: 왕위를 이을 왕의 아들.

아들 자

孫 子

손자: 아들이나 딸의 아들.

子 孫

임금 군

君 子

군자: 학식과 덕이 높은 사람.

뒤 후

後 孫

후손: 자신보다 여러 세대 뒤의 자녀를 이르는 말.

문해력 子와 孫이 포함된 단어는 문장에서 어떻게 쓰일까요?

문종이 죽자 **世子**였던 단종이 어린 나이에 왕위에 올랐다.

이웃집 할머니는 매일 아침 **孫子**가 등교할 때 동행하신다.

歲 月

해 세 　　　　　　　 달 월

歲月(세월): 흘러가는 시간.

획순	⺊ ⺊ ⺊ 产 产 产 产 岸 岸 歲 歲 歲			부수 止
歲	歲	歲	歲	歲

획순	ノ 刀 月 月			부수 月
月	月	月	月	月

어휘력 歲와 月이 포함된 단어는 또 무엇이 있을까요?

해 **년(연)**

年 **歲**

연세: '나이'의 높임말.

줄 급

月 給

월급: 한 달 단위로
지급하는 급료.

歲 月

일 만 **만**

萬 **歲**

만세: 기쁜 일을 축하하거나 환호하는
의미로 외치는 말.

맑을 **청** 바람 **풍** 밝을 **명**

清 風 明 **月**

청풍명월: 맑은 바람과 밝은 달.

문해력 歲와 月이 포함된 단어는 문장에서 어떻게 쓰일까요?

할아버지는 옛날 사진들을 보시며 <u>歲月</u>이 참 빠르다고 하셨다.

우리는 삼일절을 맞아 태극기를 흔들며 '대한 독립 <u>萬歲</u>'를 외쳤다.

따라 쓰면서 복습

한자 쓰기 연습				단어 쓰기 연습
文 글월 문		章 글 장	▶	문장
等 무리 등		級 등급 급	▶	등급
圖 그림 도		形 모양 형	▶	도형
計 셀 계		劃 그을 획	▶	계획
半 반 반		球 공 구	▶	반구

한자 쓰기 연습				단어 쓰기 연습
歷		史	▶	
지날 력(역)		사기 사		역사
教		訓	▶	
가르칠 교		가르칠 훈		교훈
神		話	▶	
귀신 신		말씀 화		신화
子		孫	▶	
아들 자		손자 손		자손
歲		月	▶	
해 세		달 월		세월

문제 풀면서 복습

1 주어진 뜻과 음에 일치하는 한자를 찾아 알맞은 기호를 표시하세요.

해 세 ○

그을 획 ☆

공 구 □

가르칠 훈 ◇

무리 등 △

訓　　計

等　歲

劃　教

史　球

2 주어진 뜻과 한자를 연결하고 한자에 맞는 음을 쓰세요.

등급 ·　　　· 章 ⇨

지나다 ·　　　· 級 ⇨

글 ·　　　· 圖 ⇨

그림 ·　　　· 歷 ⇨

손자 ·　　　· 孫 ⇨

58

3 주어진 뜻과 어울리는 한자어에 O 표시하세요.

1) 시, 소설 등과 같이 사상이나 감정을 언어로 표현한 예술 작품.

學歷 / 文學

2) 토지를 경계 지어 나눔.

區劃 / 史料

3) '나이'의 높임말.

家訓 / 年歲

4 다음 글을 읽고 주어진 한자가 각각 몇 번 나왔는지 그 횟수를 쓰세요.

우리 형은 대학에서 국어 문학을 전공한다.

형은 교수님이 자신이 쓴 문장을 월장성구라고

하면서 칭찬했다고 자랑했다.

나도 우리 학급에서 우등생이라고 자랑했다.

그런 우리를 보고 할아버지께서는 손자가 모두

똑똑해서 기쁘다고 하셨다.

文 ····· ⃝
章 ····· ⃝
級 ····· ⃝
優 ····· ⃝
等 ····· ⃝
孫 ····· ⃝

마무리 퀴즈

〈보기〉의 12개 단어와 일치하는 한자어가 아래의 표에 숨어있어요.
번호 순서대로 표에서 한자어를 찾아 O 표시하세요.

學	歷	精	神	計	區
萬	年	教	養	童	劃
歲	月	家	訓	圖	形
史	料	優	韓	卓	式
話	君	孫	等	半	球
題	世	子	級	野	島

21~30

이번 장에서 배울 내용입니다.
한자의 뜻과 음을 보고
단어의 의미를 유추해보세요.

部 分
떼 부　나눌 분

理 由
다스릴 리(이)　말미암을 유

注 意
부을 주　뜻 의

記 號
기록할 기　이름 호

急 流
급할 급　흐를 류(유)

根 本
뿌리 근　근본 본

法 則
법 법　법칙 칙

展 開
펼 전　열 개

曲 線
굽을 곡　줄 선

庭 園
뜰 정　동산 원

部 分

때 부　　　　　　　　나눌 분

部分(부분): 전체를 이루는 작은 범위.

획순	` ⺊ ⺊ 艹 立 产 音 音 音 部 部	부수	阝

部	部	部	部	部

획순	ノ 八 分 分	부수	刀

分	分	分	分	分

어휘력 部와 分이 포함된 단어는 또 무엇이 있을까요?

바깥 **외**

外 部

외부: 바깥 부분.

나눌 **별**

分 別

분별: 서로 다른 일이나 사물을 나누어 가름.

部 分

배울 **학**

學 部

학부: 대학에서 전공 학과에 따라 나눈 부(部).

셈 **수**

分 數

분수: 1. 어떤 정수 a를 0이 아닌 정수 b로 나눈 몫을 a/b로 나타낸 것.
2. 자신의 신분에 맞는 한도.

문해력 部와 分이 포함된 단어는 문장에서 어떻게 쓰일까요?

이 자전거는 튼튼한 소재로 만들어졌기 때문에 **外部** 충격에도 잘 망가지지 않는다.

그 형제는 **分別**이 안될 만큼 생김새가 비슷하다.

根 本

뿌리 근   근본 본

根本(근본): 사물의 본질.

획순 一 十 才 木 杧 柙 柙 根 根 根   **부수** 木

根	根	根	根	根

획순 一 十 才 木 本   **부수** 木

本	本	本	本	本

어휘력 根과 本이 포함된 단어는 또 무엇이 있을까요?

근원 **원**

根 源

근원: 사물이 처음으로 시작되는 근본이나 원인.

터 **기**

基 本

기본: 사물, 현상 등을 이루는 바탕.

根 本

일 **사** 열매 **실** 없을 **무**

事 實 無 根

사실무근: 사실에 근거가 없다는 뜻으로 근거가 없음을 의미함.

바탕 **질**

本 質

본질: 본래 사물이 가지는 성질이나 모습.

문해력 根과 本이 포함된 단어는 문장에서 어떻게 쓰일까요?

스트레스는 만병의 **根源**이다.

선생님은 나에게 태권도의 **基本** 동작을 알려주셨다.

理 由

다스릴 리(이)   말미암을 유

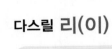

理由(이유): 어떤 일이 일어나는 까닭이나 근거.

획순	一 二 三 Ŧ 王 玌 珇 珇 玾 理 理	부수	Ŧ

理	理	理	理	理

획순	丨 冂 冂 由 由	부수	田

由	由	由	由	由

어휘력 理와 由가 포함된 단어는 또 무엇이 있을까요?

성품 **성**

理 性

이성: 개념적으로 생각하는 능력을
감각적 능력에 상대하여 이르는 말.

스스로 **자**

自 由

자유: 구속 받거나 얽매이지 않고
자신의 뜻대로 행동함.

理 由

길 **도**

道 理

도리: 사람이 마땅히
행하여야 할 바른길.

올 래(내)

由 來

유래: 사물이 생겨나
전해져 온 내력.

문해력 理와 由가 포함된 단어는 문장에서 어떻게 쓰일까요?

나는 친구가 화가 난 **理由**를 모르겠다.

우리는 수업시간에 배운 내용에 대해서 **自由**롭게 토론하는 시간을 가졌다.

法 則

법 법　　　　　법칙 칙

法則(법칙): 모든 현상들의 원인과 결과 사이의 보편적이고 필연적인 불변의 관계.

획순 ` ` ` 氵 氵 汁 汢 法 法　　**부수** 氵

法	法	法	法	法

획순 ㅣ 冂 冂 月 目 目 貝 貝 則 則　　**부수** ㅣ

則	則	則	則	則

어휘력 法과 則이 포함된 단어는 또 무엇이 있을까요?

글월 **문**

文 法

문법: 말의 구성과 운용상 규칙.

가르칠 **교**

教 則

교칙: 학교의 규칙.

法 則

법 **전**

法 典

법전: 국가가 제정하고 문자로 적은 체계적이고 통일된 법규집.

벌할 **벌**

罰 則

벌칙: 규율이나 법규를 어긴 것에 대한 처벌 규칙.

문해력 法과 則이 포함된 단어는 문장에서 어떻게 쓰일까요?

뉴턴이 나무에서 사과가 떨어지는 것을 보고 만유 인력의 **法則**을 발견했다는 일화는 유명하다.

영어 선생님은 학생들이 어려워하는 영어 **文法**을 이해하기 쉽게 설명해주신다.

注 意

부을 주　　　　　뜻 의

注意(주의): 1. 마음에 새겨 조심함.
2. 어떤 일에 관심을 집중함. 3. 경고나 훈계로 일깨움.

획순 ` ` ` ` ` ` ` ` ` ` ` ` ` ` ` ` ` ` ` ` ` 注 注　　부수 氵

注　注　注　注　注

획순 ` ` ` ` ` ` ` 立 产 音 音 音 意 意 意　　부수 心

意　意　意　意　意

어휘력 注와 意가 포함된 단어는 또 무엇이 있을까요?

눈 목
注 目
주목: 관심을 가지고 주의(主意)하여 봄.

볼 견
意 見
의견: 어떤 사물 또는 현상에 대해 가지는 생각.

注 意

기름 유　바 소
注 油 所
주유소: 자동차에 휘발유나 경유 등을 넣는 곳.

알 식
意 識
의식: 깨어있는 상태에서 자신이나 사물에 대해 인식하는 것.

문해력 注와 意가 포함된 단어는 문장에서 어떻게 쓰일까요?

선생님은 수업시간에 장난을 치는 학생에게 **注意**를 주었다.

반장은 회의 시간에 회의 주제에 대해 학급 친구들의 **意見**을 물어보았다.

전개

展 開

펼 전　　　　　　　열 개

展開(전개): 시작하여 벌임. 또는 내용이나 이야기가 진전되어 펼쳐짐.

획순	` ` ` 尸 尸 尸 屈 屈 展 展 展			부수 尸
展	展	展	展	展

획순	丨 广 广 广 門 門 門 門 門 開 開			부수 門
開	開	開	開	開

어휘력 展과 開가 포함된 단어는 또 무엇이 있을까요?

바랄 **망**

展 望

전망: 멀리 내다보이는 경치.
또는 앞날의 상황을 내다봄.

필 **발**

開 發

개발: 새로운 것을 연구해
만듦.

展 開

보일 **시**

展 示

전시: 여러 가지 물품을
벌여놓고 보임.

놓을 **방**

開 放

개방: 문이나 공간 등을
열어 드나들고 이용하게 함.

문해력 展과 開가 포함된 단어는 문장에서 어떻게 쓰일까요?

이야기의 <u>展開</u>가 흥미진진해서 영화를 보는 내내 시간 가는 줄 몰랐다.

우리 학교는 방학에도 학생들이 공부할 수 있도록 도서관을 <u>開放</u>한다.

記 號

기록할 기　　　이름 호

記號(기호): 어떤 뜻을 나타내기 위해 쓰는 부호, 문자 등을 이르는 말.

획순	＼ 二 三 三 言 言 言 記 記 記	부수 言

記	記	記	記	記

획순	＼ 口 口 号 号 号 号 号 号 号 號 號 號	부수 虍

號	號	號	號	號

어휘력 記와 號가 포함된 단어는 또 무엇이 있을까요?

놈 **자**

記 者

기자: 신문이나 잡지 등에 기사를 쓰는 사람.

믿을 **신**

信 號

신호: 일정한 부호, 표지 등으로 내용이나 정보를 전달하거나 지시하는 것.

記 號

전할 **전**

傳 記

전기: 한 사람의 일생을 기록한 것.

입 **구**

口 號

구호: 집회나 시위 등에서 요구나 주장을 간결하게 표현한 문구.

문해력 記와 號가 포함된 단어는 문장에서 어떻게 쓰일까요?

나는 어렸을 때 읽던 어린이 위인**傳記**를 도서관에 기부했다.

☆ 위인(偉人)은 뛰어나고 위대한 사람이라는 뜻으로 위인전기(偉人傳記)는 훌륭한 사람의 삶과 업적을 적은 글을 말합니다.

나는 동생에게 횡단보도 **信號**등이 초록색일 때 건너는 것이라고 알려주었다.

☆ 도로에 설치하여 빨간색, 초록색 등으로 차량이나 사람에게 정지 또는 진행 등을 지시하는 장치를 신호등(信號燈)이라고 합니다.

28 곡선

曲 線

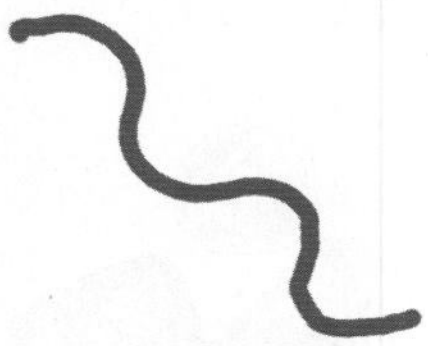

굽을 곡　　　　줄 선

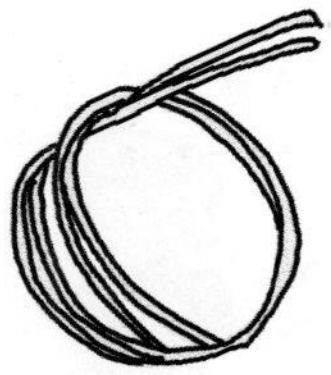

曲線(곡선): 굽은 선.

획순 丨 冂 冃 冃 冊 曲　　부수 日

曲	曲	曲	曲	曲

획순 ㄥ 幺 幺 糸 糸 糸 糸 糹 糿 紵 紵 綿 綿 線 線　　부수 糸

線	線	線	線	線

어휘력 曲과 線이 포함된 단어는 또 무엇이 있을까요?

지을 **작**　　　집 **가**

作 曲 家

작곡가: 전문적으로 음악을 창작하는 사람.

곧을 **직**

直 線

직선: 꺾이거나 굽지 않은 곧은 선.

曲 線

노래 **가**

歌 曲

가곡: 서양음악에서 시(詩)에 곡을 붙여 만든 노래.

길 **로(노)**　　　그림 **도**

路 線 圖

노선도: 지하철, 버스 등의 경유지를 표시한 지도.

문해력 曲과 線이 포함된 단어는 문장에서 어떻게 쓰일까요?

> 그 성악가가 부른 슈베르트의 **歌曲**은 정말 감동적이다.

> 전철역에서 길을 물어보시는 할머니께 지하철 **路線圖**를 보며 길을 알려드렸다.

급류

急 流

급할 **급**   흐를 **류(유)**

急流(급류): 물이 빠른 속도로 흐름.

획순 ′ ′ ′ ′ ′ ′ 急 急 急 **부수** 心

急	急	急	急	急

획순 ′ ′ ′ 氵 氵 氵 氵 氵 済 流 流 **부수** 氵

流	流	流	流	流

急과 流가 포함된 단어는 또 무엇이 있을까요?

때 **시**

時 急

시급: 때가 절박하고 급함.

사귈 **교**

交 流

교류: 문화나 사상 등이 서로 통함.

急 流

구원할 **구**　　수레 **차**

救 急 車

구급차: 위급한 환자를 빠르게 병원으로 실어 나르는 자동차.

통할 **통**

流 通

유통: 화폐나 물품 등이 세상에 널리 사용됨.

急과 流가 포함된 단어는 문장에서 어떻게 쓰일까요?

이 계곡은 **急流**가 흐르기 때문에 물놀이 할 때 조심해야 한다.

이번 정상회담을 계기로 두 나라의 **交流**가 활발해질 전망이다.

庭園

뜰 정　　　　　　　동산 원

庭園(정원): 집 안에 있는 뜰.

획순 丶 一 广 广 广 广 庄 庄 庭 庭 庭　　　부수 广

庭	庭	庭	庭	庭

획순 丨 冂 冂 冃 冃 周 周 周 園 園 園 園 園　　　부수 口

園	園	園	園	園

어휘력 庭과 園이 포함된 단어는 또 무엇이 있을까요?

집 **가**

家 庭

가정: 부부를 중심으로 혈연관계에 있는 사람들의 생활 공동체.

공평할 **공**

公 園

공원: 국가나 공공 단체가 휴양, 놀이 등을 위해 마련한 정원, 동산 등의 시설.

庭 園

학교 **교**

校 庭

교정: 학교의 마당 또는 운동장.

노래 악, 즐길 **락(낙)**

樂 園

낙원: 괴로움이나 고통 없이 살 수 있는 즐거운 곳.

문해력 庭과 園이 포함된 단어는 문장에서 어떻게 쓰일까요?

방학이 되자 학생들로 북적이던 <u>**校庭**</u>이 텅 비었다.

주말에는 많은 사람들이 <u>**公園**</u>으로 나들이를 간다.

한자 쓰기 연습				단어 쓰기 연습
部 떼 부		分 나눌 분	▶	부분
根 뿌리 근		本 근본 본	▶	근본
理 다스릴 리(이)		由 말미암을 유	▶	이유
法 법 법		則 법칙 칙	▶	법칙
注 부을 주		意 뜻 의	▶	주의

한자 쓰기 연습				단어 쓰기 연습
展 펼 전		開 열 개	▶	전개
記 기록할 기		號 이름 호	▶	기호
曲 굽을 곡		線 줄 선	▶	곡선
急 급할 급		流 흐를 류(유)	▶	급류
庭 뜰 정		園 동산 원	▶	정원

문제 풀면서 복습

1 주어진 뜻과 음에 일치하는 한자를 찾아 알맞은 기호를 표시하세요.

뿌리 근 ○

말미암을 유 ☆

법칙 칙 □

동산 원 ◇

때 부 △

則　　部

法　由

曲　分

園　根

2 주어진 뜻과 한자를 연결하고 한자에 맞는 음을 쓰세요.

붓다 ·　　　　　· 展 ⇨

뜰 ·　　　　　· 線 ⇨

줄 ·　　　　　· 號 ⇨

이름 ·　　　　　· 庭 ⇨

펴다 ·　　　　　· 注 ⇨

3 주어진 뜻과 어울리는 한자어에 O 표시하세요.

1) 국가가 제정하고 문자로 적은 체계적이고 통일된 법규집.　法典 / 法則

2) 한 사람의 일생을 기록한 것.　信號 / 傳記

3) 학교의 규칙.　教則 / 校庭

4 다음 글을 읽고 주어진 한자가 각각 몇 번 나왔는지 그 횟수를 쓰세요.

나는 엄마와 함께 미술 전시에 다녀왔다.

전시 첫 부분에는 미술가의 전기가 간략하게 적혀 있었다.

그 미술가는 음악가들과 활발하게 교류하여

작곡가들과도 친하다고 했다.

전시에는 곡선과 직선 그리고 기호들을 이용한

그림들이 많았다.

展 ····· ◯

傳 ····· ◯

記 ····· ◯

流 ····· ◯

線 ····· ◯

號 ····· ◯

마무리 퀴즈

〈보기〉의 12개 단어와 일치하는 한자어가 아래의 표에 숨어있어요.
번호 순서대로 표에서 한자어를 찾아 O 표시하세요.

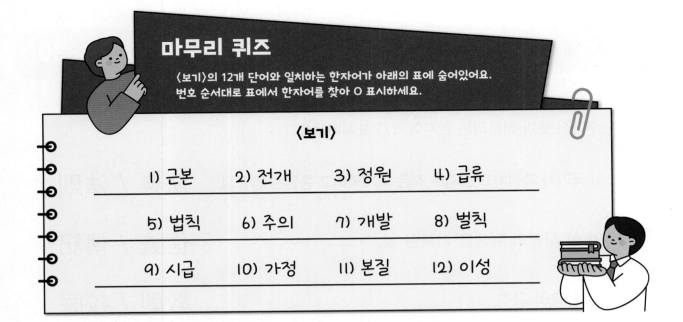

〈보기〉

1) 근본	2) 전개	3) 정원	4) 급류
5) 법칙	6) 주의	7) 개발	8) 벌칙
9) 시급	10) 가정	11) 본질	12) 이성

信	號	時	急	理	性
根	本	直	流	學	部
意	質	線	展	望	分
救	急	藥	開	發	家
別	罰	歌	注	流	庭
法	則	曲	意	通	園

31~40

이번 장에서 배울 내용입니다.
한자의 뜻과 음을 보고
단어의 의미를 유추해보세요.

週 末
돌 주 / 끝 말

宿 題
잘 숙 / 제목 제

舊 式
예 구 / 법 식

例 外
법식 례(예) / 바깥 외

晝 夜
낮 주 / 밤 야

當 番
마땅 당 / 차례 번

所 聞
바 소 / 들을 문

決 定
결단할 결 / 정할 정

醫 術
의원 의 / 재주 술

參 席
참여할 참 / 자리 석

주말

週 末

돌 주   끝 말

週末(주말): 한 주일의 마지막. 보통 토요일부터 일요일까지를 말함.

획순 ノ 刀 月 冄 用 用 周 周 凋 凋 週 週   **부수** 辶

週	週	週	週	週

획순 一 二 キ 才 末   **부수** 木

末	末	末	末	末

어휘력 週와 末이 포함된 단어는 또 무엇이 있을까요?

기약할 **기**

週 期

주기: 어떤 현상이 일정 시간마다 반복될 때 다음 되풀이 될 때까지의 기간.

맺을 **결**

結 末

결말: 어떤 일의 끝맺음.

週 末

한 **일**　　　날 **일**

一 週 日

일주일: 한 주일 또는 칠일.

해 **년(연)**

年 末

연말: 한 해의 마지막.

문해력 週와 末이 포함된 단어는 문장에서 어떻게 쓰일까요?

수험생인 언니는 <u>週末</u>에도 도서관에서 공부를 한다.

<u>年末</u>이 되어 나는 한 해 동안 감사했던 분들께 감사 인사의 카드를 썼다.

當 番

마땅 당   차례 번

當番(당번): 어떤 일을 맡는 차례가 됨.

| 획순 | ⎹ ⎺⎸ ⎵⎵ ⎱⎲ ⎳⎴ 尙 尙 尙 尙 尙 當 當 | 부수 田 |

當	當	當	當	當

| 획순 | ⎺ ⎸ ⎵ 丆 平 乎 乎 釆 番 番 番 番 | 부수 田 |

番	番	番	番	番

어휘력 當과 番이 포함된 단어는 또 무엇이 있을까요?

그럴 **연**

當 然

당연: 일의 앞뒤 상황을 볼 때 마땅히 그러함.

땅 **지**

番 地

번지: 땅을 일정한 기준으로 나누어 매겨 놓은 번호.

當 番

가릴 **선**

當 選

당선: 선거에서 뽑힘.

이름 **호**

番 號

번호: 차례를 나타내기 위해 붙이는 숫자.

문해력 當과 番이 포함된 단어는 문장에서 어떻게 쓰일까요?

우리 반은 매주 **當番**을 정해 돌아가면서 교실 청소를 한다.

선생님은 학생들의 이름 순서대로 출석 **番號**를 정했다.

33 숙제

宿題

잘 숙 　　　　　　 제목 제

宿題(숙제): 복습 또는 예습을 위해 학생들에게 내주는 과제.

획순 丶 丶 宀 宀 宀 宁 宿 宿 宿 　**부수** 宀

宿	宿	宿	宿	宿

획순 丨 冂 冃 日 旦 早 早 昗 是 是 是 題 題 題 題 題 題 　**부수** 頁

題	題	題	題	題

어휘력 宿과 題가 포함된 단어는 또 무엇이 있을까요?

목숨 **명**

宿 命

숙명: 날 때부터 정해진
운명.

물을 **문**

問 題

문제: 해답을 요구하는
물음.

宿 題

바 **소**

宿 所

숙소: 집을 떠난 사람이
임시로 묵는 곳.

임금 **주**/주인 **주**

主 題

주제: 대화나 연구 등에서
중심이 되는 문제.

문해력 宿과 題가 포함된 단어는 문장에서 어떻게 쓰일까요?

엄마는 내가 학교 **宿題**를 다 하고 나서야 친구와 노는 것을 허락해주셨다.

이번 수학 시험은 **問題**가 너무 어려웠다.

所 聞

바 소   들을 문

所聞(소문): 여러 사람들 입으로 전해져 들리는 말.

획순	` ｀ ｀ 户 户 所 所 所			부수 戶
所	所	所	所	所

획순	｜ ｆ ｆ ｆ ｆ ｆ 門 門 門 門 門 聞 聞 聞			부수 耳
聞	聞	聞	聞	聞

어휘력 所와 聞이 포함된 단어는 또 무엇이 있을까요?

바랄 **망**

所 望

소망: 어떤 것을 바라고 원함.

새 **신**

新 聞

신문: 세상에서 일어난 사건에 대한 사실이나 해설을 신속하게 전달하는 정기 간행물.

所 聞

얻을 **득**

所 得

소득: 어떤 것의 결과로 얻은 정신적, 물질적 이익.

볼 **견**

見 聞

견문: 보고 들어 깨달은 지식.

문해력 所와 聞이 포함된 단어는 문장에서 어떻게 쓰일까요?

최근 우리나라의 <u>所得</u> 수준이 높아지면서 문화 예술에 대한 국민들의 관심이 높아졌다.

인터넷 사용으로 인해 종이 <u>新聞</u>을 구독하는 사람들이 감소하고 있다.

35 구식

舊 式

예 구 법 식

舊式(구식): 예전의 방식.

획순 一 十 艹 艹 芢 芢 荏 荏 萑 萑 萑 萑 雈 舊 舊 舊 舊 부수 臼

舊 舊 舊 舊 舊

획순 一 二 亍 主 式 式 부수 弋

式 式 式 式 式

어휘력 舊와 式이 포함된 단어는 또 무엇이 있을까요?

친할 **친**

親 舊

친구: 친하게 오래 사귄
사람.

공평할 **공**

公 式

공식: 국가나 사회에서
인정받은 공적인 방식.

舊 式

회복할 **복**

復 舊

복구: 손상되기 전의
상태로 회복함.

격식 **격**

格 式

격식: 격에 맞는 방식.

문해력 舊와 式이 포함된 단어는 문장에서 어떻게 쓰일까요?

나는 어른이 되어서도 초등학교 때 **<u>親舊</u>**와 연락을 하며 지낸다.

외교 문제로 인해 대통령의 해외 **<u>公式</u>** 방문 일정이 미뤄졌다.

決 定

결단할 결　　　　　　**정할 정**

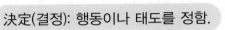

決定(결정): 행동이나 태도를 정함.

획순 丶 丶 氵 氵 汀 沪 決 決　　　　　**부수** 氵

決	決	決	決	決

획순 丶 丷 宀 宀 宁 字 宇 定 定　　　　**부수** 宀

定	定	定	定	定

어휘력 決과 定이 포함된 단어는 또 무엇이 있을까요?

대할 **대**

對 決

대결: 우열이나 승패를 가리기 위해 서로 맞섬.

편안 **안**

安 定

안정: 바뀌지 않고 일정한 상태를 유지함.

決 定

빠를 **속**　싸움 **전**　빠를 **속**

速 戰 速 決

속전속결: 어떤 일을 빠르게 진행해 빨리 끝냄.

붙을 **착**

定 着

정착: 일정한 곳에 자리를 정하고 머물러 삶.

문해력 決과 定이 포함된 단어는 문장에서 어떻게 쓰일까요?

부모님과 오랫동안 논의한 끝에 그는 미국으로 유학을 가기로 **決定**했다.

유목민은 한 곳에 **定着**하여 생활하지 않고 이곳저곳을 유랑한다.

예외

例 外

법식 례(예)　　　　　바깥 외

例外(예외): 일반적인 규칙에서 벗어나는 일.

획순	ノ イ イ 亻 俐 俐 例 例			부수	イ
例	例	例	例	例

획순	ノ ク タ 夘 外			부수	夕
外	外	外	外	外

어휘력 例와 外가 포함된 단어는 또 무엇이 있을까요?

일 **사**

事 例

사례: 어떤 일이 이전에
일어난 예.

들 **야**

野 外

야외: 시가지에서 떨어진
들판 또는 지역.

例 外

특별할 **특**

特 例

특례: 특별한 예.

문 **문**   한수 **한**/한나라 **한**

門 外 漢

문외한: 어떤 일에
전문적인 지식이 없는 사람.

문해력 例와 外가 포함된 단어는 문장에서 어떻게 쓰일까요?

교칙을 어긴 학생은 **例外** 없이 징계를 받는다.

나는 예술에 **門外漢**인 그에게 내가 좋아하는 예술가에 대해 열심히 설명해주었다.

醫 術

의원 의

재주 술

醫術(의술): 병을 고치는 기술.

| 획순 | 一 ア エ ェ ᄛ 医 医 医 医 殹 殹 殹 殹 醫 醫 醫 醫 醫 | 부수 酉 |

醫	醫	醫	醫	醫

| 획순 | ノ ク 彳 彳 行 行 行 休 休 休 術 術 | 부수 行 |

術	術	術	術	術

102

어휘력 醫와 術이 포함된 단어는 또 무엇이 있을까요?

배울 **학**

醫 學

의학: 인체의 구조와 기능, 질병과 치료 등에 대해 연구하는 학문.

손 **수**

手 術

수술: 몸의 일부를 의료 기계를 사용하여 자르거나 째서 병을 고치는 일.

醫 術

스승 **사**

醫 師

의사: 자격을 가지고 환자를 진찰하고 병을 치료하는 사람.

싸움 **전**

戰 術

전술: 전쟁이나 전투에서 사용하는 군사적 기술과 방법.

문해력 醫와 術이 포함된 단어는 문장에서 어떻게 쓰일까요?

동생은 감기에 걸려 병원에 가서 **醫師** 선생님께 진찰을 받았다.

그는 급성 맹장염으로 병원에서 **手術**을 받았다.

주야

晝夜

낮 주   밤 야

晝夜(주야): 낮과 밤

| 획순 | ㄱ ㄱ ㄱ ㄱ ㄱ 晝 書 書 書 書 書 | 부수 | 日 |

| 晝 | 晝 | 晝 | 晝 | 晝 |

| 획순 | ㇀ 亠 广 疒 疒 疒 夜 夜 夜 | 부수 | 夕 |

| 夜 | 夜 | 夜 | 夜 | 夜 |

어휘력 畫와 夜가 포함된 단어는 또 무엇이 있을까요?

흰 백
白 晝
백주: 환히 밝은 낮.

사이 간
夜 間
야간: 해가 진 뒤부터 동이 트기 전까지의 동안.

晝 夜

길 장   내 천
晝 夜 長 川
주야장천: 밤낮으로 쉬지 않고 흐르는 냇물이라는 뜻으로 '밤낮으로 쉬지 않고 연달아'라는 의미임.

밥 식/먹을 식
夜 食
야식: 저녁밥을 먹고 난 후 밤중에 먹는 음식.

문해력 晝와 夜가 포함된 단어는 문장에서 어떻게 쓰일까요?

> 그는 자신이 좋아하는 작가의 소설을 **晝夜長川** 읽으면서 방학을 보냈다.

> 그는 건강을 위해 **夜食**을 먹지 않는다.

참석

参 席

참여할 참　　　　자리 석

参席(참석): 모임 등의 자리에 참여함.

획순 ´ ` ㅗ ㅕ ㅕ ㅿ ㅿ �參 夵 夵 参 参　　**부수** ㅿ

参	参	参	参	参

획순 ` 亠 广 户 庐 庐 庐 庐 唐 席　　**부수** 巾

席	席	席	席	席

어휘력 參과 席이 포함된 단어는 또 무엇이 있을까요?

더할 **가**

參加

참가: 모임이나 단체에 관계하여 들어감.

머리 **수**

首席

수석: 등급 등에서 맨 윗자리.

參席

볼 **견**

參見

참견: 다른 사람의 일에 끼어들어 간섭함.

빌 **공**

空席

공석: 빈 자리. 또는 사람이 빠져서 비어 있는 직위.

문해력 參과 席이 포함된 단어는 문장에서 어떻게 쓰일까요?

내 동생은 수학 경시대회에 **參加**하여 상을 받았다.

나는 내가 원하던 대학에 **首席**으로 입학하였다.

한자 쓰기 연습				단어 쓰기 연습
週 돌 주		末 끝 말		▶ 주말
當 마땅 당		番 차례 번		▶ 당번
宿 잘 숙		題 제목 제		▶ 숙제
所 바 소		聞 들을 문		▶ 소문
舊 예 구		式 법 식		▶ 구식

한자 쓰기 연습				단어 쓰기 연습
決 결단할 결		定 정할 정	▶	결정
例 법식 례(예)		外 바깥 외	▶	예외
醫 의원 의		術 재주 술	▶	의술
晝 낮 주		夜 밤 야	▶	주야
參 참여할 참		席 자리 석	▶	참석

문제 풀면서 복습

1 주어진 뜻과 음에 일치하는 한자를 찾아 알맞은 기호를 표시하세요.

법 식 ○

결단할 결 ☆

차례 번 □

재주 술 ◇

법식 례(예) △

末

番　術　所

當　　　式

決

例

2 주어진 뜻과 한자를 연결하고 한자에 맞는 음을 쓰세요.

돌다 ·　　　　·宿 ⇨

자다 ·　　　　·定 ⇨

제목 ·　　　　·週 ⇨

정하다 ·　　　　·舊 ⇨

옛, 오래되다 ·　　　　·題 ⇨

3 주어진 뜻과 어울리는 한자어에 O 표시하세요.

1) 모임 등의 자리에 참여함.　　　　　參見 / 參席

2) 국가나 사회에서 인정받은 공적인 방식.　公式 / 定着

3) 어떤 것의 결과로 얻은 정신적, 물질적 이익.　番地 / 所得

4 다음 글을 읽고 주어진 한자가 각각 몇 번 나왔는지 그 횟수를 쓰세요.

나는 이번에 수학 경시대회에 참가한다.

대회가 일주일 밖에 남지 않아 주말에도 도서관에

가서 공부를 한다.

대회에 같이 참가하는 친구는 수학 공식이

잘 안 외워진다고 하며 힘들어 했다.

하지만 친구는 일등을 해서 상을 타겠다고 하며

주야로 공부를 한다.

參 ········ ◯
週 ········ ◯
末 ········ ◯
舊 ········ ◯
式 ········ ◯
書 ········ ◯

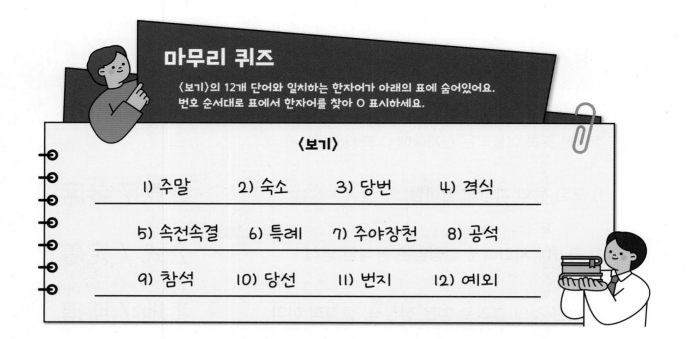

마무리 퀴즈

〈보기〉의 12개 단어와 일치하는 한자어가 아래의 표에 숨어있어요.
번호 순서대로 표에서 한자어를 찾아 O 표시하세요.

〈보기〉

1) 주말 2) 숙소 3) 당번 4) 격식

5) 속전속결 6) 특례 7) 주야장천 8) 공석

9) 참석 10) 당선 11) 번지 12) 예외

畫	式	望	醫	師	聞
號	夜	公	格	所	得
當	選	長	式	特	例
番	地	期	川	空	外
宿	安	定	參	席	週
所	速	戰	速	決	末

41~50

이번 장에서 배울 내용입니다.
한자의 뜻과 음을 보고
단어의 의미를 유추해보세요.

節 約
마디 절　맺을 약

通 過
통할 통　지날 과

念 願
생각 념(염)　원할 원

陸 地
뭍 륙(육)　땅 지

勞 苦
일할 로(노)　쓸 고

原 因
언덕 원　인할 인

知 識
알 지　알 식

德 談
클 덕/덕 덕　말씀 담

新 鮮
새 신　고울 선

關 心
관계할 관　마음 심

41 절약

節 約

마디 **절**　　　　　　맺을 **약**

節約(절약): 함부로 쓰지 않고 아껴 씀.

획순 `丿 个 个 个 个 竺 竺 竺 竺 笁 笁 笁 笁 節 節`　**부수** 竹

節	節	節	節	節

획순 `丶 幺 幺 糸 糸 糸 糽 約 約`　**부수** 糸

約	約	約	約	約

어휘력 節과 約이 포함된 단어는 또 무엇이 있을까요?

이름 **명**

名 節

명절: 민족적으로 해마다 일정하게 지켜 기념하는 때.

묶을 **속**

約 束

약속: 어떻게 할 것인지를 다른 사람과 미리 정해 둠.

節 約

예도 **례(예)**

禮 節

예절: 예의에 대한 질서나 절차.

요긴할 **요**

要 約

요약: 말이나 글의 중요한 중심을 간추림.

문해력 節과 約이 포함된 단어는 문장에서 어떻게 쓰일까요?

할아버지께서는 어려운 유년 시절을 보내셨기 때문에 항상 **節約**하며 사신다.

우리 가족은 **名節**에 친척들과 함께 성묘를 간다.

原 因

언덕 원　　　　　　　인할 인

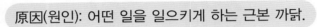
原因(원인): 어떤 일을 일으키게 하는 근본 까닭.

획순 一 厂 厃 厃 厡 厡 原 原 原 原　　**부수** 厂

原	原	原	原	原

획순 丨 冂 冂 冈 因 因　　**부수** 囗

因	因	因	因	因

어휘력 原과 因이 포함된 단어는 또 무엇이 있을까요?

다스릴 **리(이)**

原 理

원리: 사물의 근본 이치.

실과 **과**

因 果

인과: 원인과 결과.

原 因

법칙 **칙**

原 則

원칙: 어떤 행동이나 이론에 적용되는 기본적인 규칙이나 법칙.

요긴할 **요**

要 因

요인: 어떤 일의 중요한 원인.

문해력 原과 因이 포함된 단어는 문장에서 어떻게 쓰일까요?

이번 산불 사고의 <u>原因</u>은 등산객이 버린 담배꽁초였다.

우리는 국어시간에 육하<u>原則</u>에 맞추어 글을 쓰는 법을 배웠다.

☆ 육하원칙(六何原則)은 보도 기사를 쓸 때 지키는 기본적인 원칙으로 '누가, 언제, 어디서, 무엇을, 어떻게, 왜' 여섯 가지를 말합니다.

통과

通 過

통할 통 　　　　지날 과

通過(통과): 어떤 곳을 통하여 지나감.

| 획순 | ` ` マ マ 丆 丙 丙 甬 甬 涌 涌 通 通 | 부수 辶 |

通 | 通 | 通 | 通 | 通

| 획순 | ` 冂 冂 冋 冋 咼 咼 咼 咼 過 過 過 過 | 부수 辶 |

過 | 過 | 過 | 過 | 過

어휘력 通과 過가 포함된 단어는 또 무엇이 있을까요?

사귈 **교**

交 通

교통: 자동차 등 탈 것을 이용하여 사람이나 짐이 오고 가는 것.

잃을 **실**

過 失

과실: 부주의 등으로 인하여 비롯된 잘못이나 허물.

通 過

믿을 **신**

通 信

통신: 전화나 우편 등으로 소식이나 정보를 전함.

갈 **거**

過 去

과거: 지나간 때.

문해력 通과 過가 포함된 단어는 문장에서 어떻게 쓰일까요?

그는 시험 전날 벼락치기로 공부하더니 시험에 겨우 **通過**하였다.

운전자와 보행자 모두 **交通** 법규를 준수해야 한다.

44 지식

知 識

알 지　　　　알 식

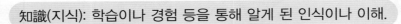

知識(지식): 학습이나 경험 등을 통해 알게 된 인식이나 이해.

획순 ノ 𠂉 ⺧ 𠂉 矢 矢 知 知 **부수** 矢

知	知	知	知	知

획순 丶 亠 亠 亠 言 言 言 言 訁 訁 訁 訁 訁 訁 諳 諳 識 識 識 **부수** 言

識	識	識	識	識

어휘력 知와 識이 포함된 단어는 또 무엇이 있을까요?

저 **피** 몸 **기**

知 彼 知 己

지피지기: 적을 알고 나를 안다는 뜻으로
적의 형편과 나의 형편을 안다는 의미임.

볼 **견**

識 見

식견: 배우거나 보고 들어
얻은 지식.

知 識

들을 **문** 한 **일** 열 **십**

聞 一 知 十

문일지십: 하나를 듣고 열을 안다는 뜻으로
총명함을 의미함.

나눌 **별**

識 別

식별: 분별하여 알아봄.

문해력 知와 識이 포함된 단어는 문장에서 어떻게 쓰일까요?

내 친구는 과학을 좋아해서 과학 **知識**이 많다.

그는 여러 나라를 여행하면서 **識見**을 넓혔다.

念 願

생각 념(염)　　　　　　원할 원

念願(염원): 마음 속으로 간절히 바람.

획순　ノ 人 へ 今 今 念 念 念　부수 心

念	念	念	念	念

획순　一 厂 厂 厈 戶 质 盾 盾 原 原 原 原 原 願 願 願 願 願　부수 頁

願	願	願	願

어휘력 念과 願이 포함된 단어는 또 무엇이 있을까요?

다스릴 **리(이)**

理 念

이념: 이상적이라고
여겨지는 생각이나 견해.

바 **소**

所 願

소원: 어떤 것을 바라고
원함.

念 願

볼 **관**

觀 念

관념: 어떤 것에 대한
견해나 생각.

청할 **청**

請 願

청원: 어떤 일이
해결되도록 청하고 원함.

문해력 念과 願이 포함된 단어는 문장에서 어떻게 쓰일까요?

그는 예전부터 **念願**하던 국가 대표 선수에 선발되었다.

냉전시대에는 미국과 소련 간의 **理念** 대립이 심했다.

德 談

클 덕/덕 덕   말씀 담

德談(덕담): 다른 사람이 잘 되기를 비는 말.

| 획순 | ´ ㇉ �432 彳 彳 彳 彳 徝 徝 徳 德 德 德 | 부수 | 彳 |

德 德 德 德 德

| 획순 | ` ㇒ ㇊ ㇋ 言 言 言 言 言 訁 談 談 談 談 談 | 부수 | 言 |

談 談 談 談 談

124

어휘력 德과 談이 포함된 단어는 또 무엇이 있을까요?

길 **도**

道 德

도덕: 사람이 마땅히
지켜야 할 행동 규범.

서로 **상**

相 談

상담: 어떤 일을 서로
의논함.

德 談

나눌 **분**

德 分

덕분: 베풀어 준 은혜.

말씀 **화**

談 話

담화: 서로 이야기를 주고
받음.

문해력 德과 談이 포함된 단어는 문장에서 어떻게 쓰일까요?

설날에 할아버지께서 우리에게 새해 **德談**을 해주셨다.

공공장소에서 큰 소리로 전화 통화하는 것은 공중**道德**에 어긋난다.

☆ 공중도덕(公衆道德)이란 사회 질서 유지를 위해 공공장소에서 지켜야 하는 도덕을 말합니다.

육지

陸 地

묻 륙(육)   땅 지

陸地(육지): 지구에서 물을 제외한 겉면.

획순 `⁷ ⁷ 阝 阝⁻ 阝⁺ 陆 陆 陆 陸 陸 陸`   **부수** `阝`

陸	陸	陸	陸	陸

획순 `一 十 土 圵 圸 地`   **부수** `土`

地	地	地	地	地

어휘력 陸과 地가 포함된 단어는 또 무엇이 있을까요?

다리 교

陸 橋

육교: 도로나 철로 위를 사람들이 건너갈 수 있도록 만든 다리.

공 구

地 球

지구: 태양에서 세 번째로 가까우며 인류가 사는 행성.

陸 地

붙을 **착**

着 陸

착륙: 비행기 등이 공중에서 활주로나 땅 위에 내림.

다스릴 **리(이)**

地 理

지리: 땅의 형태나 길 등의 상태.

문해력 陸과 地가 포함된 단어는 문장에서 어떻게 쓰일까요?

이곳은 횡단보도가 없어서 길을 건너려면 **陸橋**를 이용해야 한다.

우리는 이곳 **地理**를 잘 몰라 사람들에게 길을 물어보았다.

48 신선

新 鮮

새 신 　　　　　 고울 선

新鮮(신선): 새롭고 산뜻함.

획순　丶　亠　亠　立　立　立　辛　辛　亲　新　新　新　新　　부수　斤

新	新	新	新	新

획순　丿　𠂊　𠂊　彡　㐅　角　由　角　魚　魚　魚　魚　魚　鮮　鮮　鮮　鮮　　부수　魚

鮮	鮮	鮮	鮮

어휘력 新과 鮮이 포함된 단어는 또 무엇이 있을까요?

푸를 **록(녹)**

新 綠

신록: 늦은 봄이나 초여름에 새로 난 잎의 푸른 빛.

아침 **조**

朝 鮮

조선: 이성계(李成桂)가 고려를 멸하고 세운 나라.

新 鮮

따뜻할 **온**　연고 **고**　알 **지**

溫 故 知 新

온고지신: 옛 것을 익히고 이를 통해 새 것을 앎.

밝을 **명**

鮮 明

선명: 산뜻하고 뚜렷함.

문해력 新과 鮮이 포함된 단어는 문장에서 어떻게 쓰일까요?

제철에 나는 과일이 **新鮮**하고 맛있다.

이번에 새로 산 텔레비전은 화질이 깨끗하고 **鮮明**하다.

勞 苦

일할 로(노)　　　　　　쓸 고

勞苦(노고): 힘들여 수고함.

획순	` ` ` ` ` ` ` ` 炊 炊 炊 炒 炒 勞		부수	力

勞	勞	勞	勞	勞

획순	一 十 卄 芏 芏 芐 苦 苦		부수	艹

苦	苦	苦	苦	苦

어휘력 勞와 苦가 포함된 단어는 또 무엇이 있을까요?

움직일 **동**

勞 動

노동: 몸을 움직여 일함.

날 **생**

苦 生

고생: 어렵고 힘든 일을 겪음.

勞 苦

힘쓸 **무**

勞 務

노무: 임금을 받으려 육체적으로 노력하여 일함.

한가지 **동**　　　　　　한가지 **동**　즐길 **락(낙)**

同 苦 同 樂

동고동락: 괴로울 때나 즐거울 때나 함께 한다는 의미.

문해력 勞와 苦가 포함된 단어는 문장에서 어떻게 쓰일까요?

교장 선생님은 학생들을 지도하느라 애쓰신 모든 선생님들의 <u>勞苦</u>에 감사드린다고 말씀하셨다.

그는 어렸을 때 집안 형편이 어려워 <u>苦生</u>하며 자랐다.

 관심

關 心

관계할 관　　　　　마음 심

關心(관심): 어떤 일이나 대상에 마음이 끌려 주의를 기울임.

획순 ｜ ｜′ ｜″ ｜‴ 門 門 門 門 門 門 閂 閂 閸 閼 關 關 關　**부수** 門

關	關	關	關	關

획순 ⸃ ⸃ 心 心 心　　　　　**부수** 心

心	心	心	心	心

어휘력 關과 心이 포함된 단어는 또 무엇이 있을까요?

서로 **상**

相 關

상관: 서로 관련을 가짐. 또는 다른 사람의 일에 간섭함.

더울 **열**

熱 心

열심: 어떤 일에 정성을 다함.

關 心

문 **문**

關 門

관문: 어떤 일을 하기 위해 거쳐야 하는 것.

써 **이**　　전할 **전**

以 心 傳 心

이심전심: 마음에서 마음으로 전한다는 뜻으로 마음이 서로 통함을 의미함.

문해력 關과 心이 포함된 단어는 문장에서 어떻게 쓰일까요?

그는 자신과 **相關** 없는 일에 참견하기 좋아한다.

그는 미국으로 유학을 가기 위해 **熱心**히 영어 공부를 한다.

한자 쓰기 연습				단어 쓰기 연습
節 마디 절		約 맺을 약	▶	절약
原 언덕 원		因 인할 인	▶	원인
通 통할 통		過 지날 과	▶	통과
知 알 지		識 알 식	▶	지식
念 생각 념(염)		願 원할 원	▶	염원

한자 쓰기 연습				단어 쓰기 연습
德		談	▶	
클 덕/덕 덕		말씀 담		덕담
陸		地	▶	
뭍 륙(육)		땅 지		육지
新		鮮	▶	
새 신		고울 선		신선
勞		苦	▶	
일할 로(노)		쓸 고		노고
關		心	▶	
관계할 관		마음 심		관심

1 주어진 뜻과 음에 일치하는 한자를 찾아 알맞은 기호를 표시하세요.

말씀 담 ○

마디 절 ☆

뭍 륙(육) □

지날 과 ◇

관계할 관 △

陸　　通

過　談

原　關

節　勞

2 주어진 뜻과 한자를 연결하고 한자에 맞는 음을 쓰세요.

곱다 ·　　　　· 識 ⇨

알다 ·　　　　· 約 ⇨

생각 ·　　　　· 因 ⇨

인하다 ·　　　　· 鮮 ⇨

맺다 ·　　　　· 念 ⇨

3 주어진 뜻과 어울리는 한자어에 O 표시하세요.

1) 예의에 대한 질서나 절차.

禮節 / 節約

2) 도로나 철로 위를 사람들이 건너갈 수 있도록 만든 다리.

交通 / 陸橋

3) 이상적이라고 여겨지는 생각이나 견해.

識見 / 理念

4 다음 글을 읽고 주어진 한자가 각각 몇 번 나왔는지 그 횟수를 쓰세요.

우리는 설 명절을 맞아 대중교통을 타고

할아버지 댁에 갔다.

우리는 예절을 갖춰 할아버지께 세배를 했다.

할아버지께서는 우리에게 새해 덕담을 해주셨다.

나는 가족 모두가 건강하기를 염원하며 새해 소원을

빌었다.

節 ····· ◯

通 ····· ◯

德 ····· ◯

念 ····· ◯

願 ····· ◯

所 ····· ◯

마무리 퀴즈

〈보기〉의 12개 단어와 일치하는 한자어가 아래의 표에 숨어있어요.
번호 순서대로 표에서 한자어를 찾아 O 표시하세요.

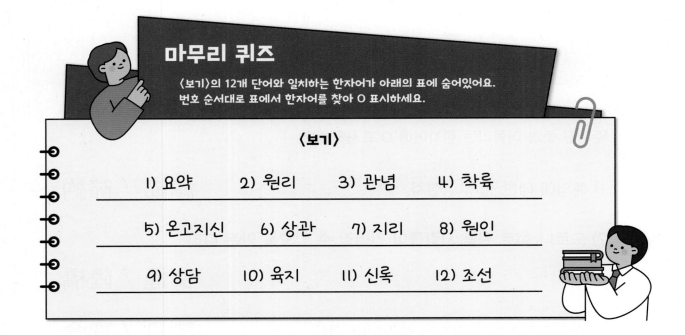

〈보기〉

1) 요약	2) 원리	3) 관념	4) 착륙
5) 온고지신	6) 상관	7) 지리	8) 원인
9) 상담	10) 육지	11) 신록	12) 조선

通	溫	勞	務	着	陸
信	故	要	約	則	地
觀	知	過	失	原	理
念	新	綠	因	相	關
道	德	朝	鮮	談	念
過	分	所	願	節	約

51~60

이번 장에서 배울 내용입니다.
한자의 뜻과 음을 보고
단어의 의미를 유추해보세요.

團 結
둥글 단 맺을 결

變 化
변할 변 될 화

觀 客
볼 관 손 객

奉 養
받들 봉 기를 양

英 才
꽃부리 영 재주 재

獨 立
홀로 독 설 립(입)

種 類
씨 종 무리 류(유)

責 任
꾸짖을 책 맡길 임

的 中
과녁 적 가운데 중

洗 練
씻을 세 익힐 련(연)

51 단결

團 結

둥글 단 맺을 결

團結(단결): 많은 사람들이 한마음으로 뭉침.

획순 丨 冂 冂 冂 冂 冂 冂 冂 冂 冂 冂 冂 冂 團 부수 口

團	團	團	團	團

획순 ㄥ 幺 幺 糸 糸 糸 糸 紅 紸 紸 結 結 부수 糸

結	結	結	結	結

어휘력 團과 結이 포함된 단어는 또 무엇이 있을까요?

몸 체

團 體

단체: 같은 목적을 위해 모인 사람들의 조직.

완전할 완

完 結

완결: 완전히 끝을 맺음.

團 結

묶을 속

團 束

단속: 규칙, 법령 등을 지키도록 통제함.

판 국

結 局

결국: 일이 마무리되는 단계나 일의 결과가 그렇게 됨.

문해력 團과 結이 포함된 단어는 문장에서 어떻게 쓰일까요?

국가가 어려울수록 온 국민이 <u>團結</u>하여 어려운 상황을 타개해 나가야 한다.

그는 노래 연습을 열심히 하더니 <u>結局</u>에는 유명한 가수가 되었다.

獨 立

홀로 독   설 립(입)

獨立(독립): 다른 것에 속하거나 의존하지 않는 상태가 됨.

획순 ノ ㄱ ㄱ ㄱ ㄱ ㄱ ㄱ ㄱ 㹮 㹮 獨 獨 獨 獨 獨 　부수 ㄱ

獨　獨　獨　獨　獨

획순 ､ 　一 　亠 　立 　立 　부수 立

立　立　立　立　立

142

어휘력 獨과 立이 포함된 단어는 또 무엇이 있을까요?

없을 **무**　사내 **남**　여자 **녀(여)**　　　　　마당 **장**

無 男 獨 女　　立 場

무남독녀: 아들 없는 집의 외동딸.

입장: 처한 형편이나 상황.

獨 立

섬 **도**

獨 島

독도: 경상북도 울릉군에 속해 있는 화산섬.

나무 **수**

樹 立

수립: 국가나 정부 등을 이룩하여 세움.

문해력 獨과 立이 포함된 단어는 문장에서 어떻게 쓰일까요?

내 친구는 형제자매가 없는 **無男獨女** 외동딸이다.

친구 두 명이 동시에 체육복을 빌려달라고 해서 **立場**이 난처해졌다.

53

변화

變 化

변할 변 　　　　 될 화

變化(변화): 모양이나 성질이 바뀌어 달라짐.

획순 `ㆍ ㆍ ㆍ ㄹ ㄹ 言 言 言 絆 絲 絲 絲 絲 絲 絲 絲 絲 絲 絲 絲 變 變 變　부수 言

變	變	變	變	變

획순 ノ イ 化 化　부수 匕

化	化	化	化	化

어휘력 變과 化가 포함된 단어는 또 무엇이 있을까요?

셈 **수**
變 數

변수: 어떤 상황이 변화할
수 있는 요인.

배울 **학**
化 學

화학: 자연 과학의 한 분야로 물질의 성질,
구조, 분해와 반응 등을 연구하는 학문.

變 化

모양 **형**
變 形

변형: 모양이나 형태가
달라짐.

나아갈 **진**
進 化

진화: 생물이 과거로부터
현재까지 점차 변해 온
과정.

문해력 變과 化가 포함된 단어는 문장에서 어떻게 쓰일까요?

이번 경기는 변덕스러운 날씨가 승부의 <u>變數</u>로 작용할 것이다.

할머니는 농사를 지으실 때 농약이나 <u>化學</u> 비료를 사용하시지 않는다.

종류

種 類

씨 종   무리 류(유)

種類(종류): 사물을 특질에 따라 나누는 갈래.

획순 ´ ´ 千 千 矛 矛 矛 矛 矛 稻 稻 稻 種 種   **부수** 禾

種	種	種	種	種

획순 ` ` ` ´ ´ ¥ ¥ ¥ ¥ 类 类 类 类 類 類 類 類 類 類 類   **부수** 頁

類	類	類	類	類

어휘력 種과 類가 포함된 단어는 또 무엇이 있을까요?

물건 **품**

品 種

품종: 물품의 종류. 또는 농작물이나 가축 등을 분류할 때의 단위 중 하나.

나눌 **분**

分 類

분류: 종류에 따라 나눔.

種 類

한가지 **동**

同 種

동종: 같은 종류.

사람 **인**

人 類

인류: 사람을 다른 동물과 구분하는 말. 또는 세계의 모든 사람.

문해력 種과 類가 포함된 단어는 문장에서 어떻게 쓰일까요?

새로 생긴 카페에서는 다양한 **種類**의 디저트와 커피를 판매한다.

도서관에는 책들이 장르별로 **分類**되어 있다.

觀 客

볼 관   손 객

觀客(관객): 공연이나 영화 등을 보거나 듣는 사람.

| 획순 | 一 艹 艹 艹 苩 苩 莔 莔 莔 莔 萔 莔 蓶 蓶 蓶 雚 雚 雚 鸛 鸛 觀 觀 觀 | 부수 | 見 |

觀	觀	觀	觀	觀

| 획순 | 丶 丶 宀 宀 灾 灾 宊 客 客 | 부수 | 宀 |

客	客	客	客	客

어휘력 觀과 客이 포함된 단어는 또 무엇이 있을까요?

빛 **광**
觀 光

관광: 다른 나라나 지방에 가서 그곳의
풍경, 풍습 등을 구경함.

나그네 **여**　　　배 **선**
旅 客 船

여객선: 여행객을 태워 나르는 배.

觀 客

참여할 **참**
參 觀

참관: 어떤 자리에
참가하여 봄.

밥 **식**/먹을 **식**
食 客

식객: 남의 집에 얹혀서 아무것도 하는
일 없이 밥만 얻어먹고 지내는 사람.

문해력 觀과 客이 포함된 단어는 문장에서 어떻게 쓰일까요?

우리 가족은 이번 유럽 여행에서 여러 **觀光** 명소를 다녀 왔다.

날씨가 좋지 않아 예정되었던 **旅客船** 운항이 취소되었다.

56 책임

責任

꾸짖을 **책**　　　　맡길 **임**

責任(책임): 맡아서 해야 할 임무.

획순 一 二 キ 主 丰 青 青 青 責 責 責　　**부수** 貝

責	責	責	責	責

획순 ノ イ イ 仁 仟 任 任　　**부수** イ

任	任	任	任	任

어휘력 責과 任이 포함된 단어는 또 무엇이 있을까요?

바랄 **망**

責 望

책망: 잘못을 꾸짖고
못마땅하게 여김.

목숨 **명**

任 命

임명: 지위나 임무를
맡김.

責 任

느낄 **감**

責 任 感

책임감: 맡은 임무나 의무를 중요하게
여기는 마음.

놓을 **방**

放 任

방임: 돌보거나 간섭하지
않고 내버려 둠.

문해력 責과 任이 포함된 단어는 문장에서 어떻게 쓰일까요?

그는 자신이 아끼던 장난감을 망가뜨린 동생을 **責望**하였다.

선생님은 반장으로 선출된 학생에게 **任命**장을 주었다.

☆ 어떤 사람을 무엇으로 임명한다는 내용의 문서를 임명(任命)에 '-장(狀)'을 붙여 임명장(任命狀)이라고 합니다.

奉養

받들 봉　　　　　기를 양

奉養(봉양): 부모나 웃어른을 받들어 모심.

획순	一 二 三 丰 夫 表 表 奉			부수 大
奉	奉	奉	奉	奉

획순	` ´ ` ` ` 半 羊 羊 美 美 表 表 春 養 養 養			부수 食
養	養	養	養	養

어휘력 奉과 養이 포함된 단어는 또 무엇이 있을까요?

섬길 **사**

奉 仕

봉사: 국가나 사회 또는 다른 사람을
위하여 노력하고 일함.

기를 **육**

養 育

양육: 아이를 기르고
보살핌.

奉 養

드릴 **헌**

奉 獻

봉헌: 공경하는 마음으로
물건을 받들어 바침.

이룰 **성**

養 成

양성: 가르쳐서 유능한
사람으로 기름.

문해력 奉과 養이 포함된 단어는 문장에서 어떻게 쓰일까요?

그는 나이 드신 어머니를 지극정성으로 **奉養**하는 효자이다.

동생은 주말마다 유기견 돌봄 센터에서 **奉仕** 활동을 한다.

58 적중

的 中

과녁 **적**　　　　　가운데 **중**

的中(적중): 화살 등이 목표물에 맞음. 또는 예상이나 추측이 맞음.

획순 `丶 亻 亻 亣 甴 甴 的 的`　　　부수 白

的	的	的	的	的

획순 `丨 冂 口 中`　　　부수 丨

中	中	中	中	中

어휘력 的과 中이 포함된 단어는 또 무엇이 있을까요?

눈 **목**

目 的

목적: 이루려고 하는
일이나 나아가려는 방향.

모을 **집**

集 中

집중: 한 곳으로 모임.
또는 한 가지 일에 힘을 쏟음.

的 中

표할 **표**

標 的

표적: 목표가 되는 대상.

설 **립(입)**

中 立

중립: 어느 편에도
치우치지 않고 공정함.

문해력 的과 中이 포함된 단어는 문장에서 어떻게 쓰일까요?

양궁 선수가 쏜 화살이 과녁에 **的中**했다.

우리는 **目的**지까지 기차를 타고 갔다.

☆ 목적으로 하는 장소를 목적지(目的地)라고 합니다.

英 才

꽃부리 영 　　　　재주 재

英才(영재): 뛰어난 재주를 가진 사람.

획순 一 十 艹 艹 芍 芇 英 英　부수 艹

英	英	英	英	英

획순 一 十 才　　　　부수 扌

才	才	才	才	才

어휘력 英과 才가 포함된 단어는 또 무엇이 있을까요?

나라 **국**

英 國

영국: 유럽 서부 대서양에 있는 섬나라.

하늘 **천**

天 才

천재: 남들보다 뛰어난 재주. 또는 그런 재주를 타고난 사람.

英 才

수컷 **웅**

英 雄

영웅: 지혜와 재능이 뛰어나 일반 사람이 하기 어려운 일을 해내는 사람.

많을 **다**　　　많을 **다**　　능할 **능**

多 才 多 能

다재다능: 재주와 능력이 많음.

문해력 英과 才가 포함된 단어는 문장에서 어떻게 쓰일까요?

이번에 개봉한 영화는 세계 평화를 위해 악당과 싸우는 <u>英雄</u>에 관한 이야기이다.

그는 공부도 잘하고 체육도 잘하는 <u>多才多能</u>한 학생이다.

洗 練

씻을 세　　　　　익힐 련(연)

洗練(세련): 서투르지 않고 능숙하게 다듬어져 있음.

획순 `丶丶冫氵沪沪洪洪洗　부수 氵

洗	洗	洗	洗	洗

획순 乙幺幺糸糸糸約約約約綑綑綀練練　부수 糸

練	練	練	練	練

어휘력 洗와 練이 포함된 단어는 또 무엇이 있을까요?

손 **수**

洗 手

세수: 얼굴을 씻음.

익힐 **습**

練 習

연습: 어떤 것을
익숙하도록 익힘.

洗 練

수레 **차**

洗 車

세차: 자동차에 묻은 먼지
등을 씻음.

가르칠 **훈**

訓 練

훈련: 어떤 것을 배우기 위해 되풀이해
연습함. 또는 가르쳐서 익히게 함.

문해력 洗와 練이 포함된 단어는 문장에서 어떻게 쓰일까요?

아버지는 비가 그치자 **洗車**를 하러 가셨다.

그는 얼마 남지 않은 피아노 콩쿠르 대회를 위해 피아노 **練習**을 열심히 한다.

한자 쓰기 연습				단어 쓰기 연습
團 둥글 단		結 맺을 결	▶	단결
獨 홀로 독		立 설 립(입)	▶	독립
變 변할 변		化 될 화	▶	변화
種 씨 종		類 무리 류(유)	▶	종류
觀 볼 관		客 손 객	▶	관객

한자 쓰기 연습				단어 쓰기 연습
責		任	▶	
꾸짖을 책		맡길 임		책임
奉		養	▶	
받들 봉		기를 양		봉양
的		中	▶	
과녁 적		가운데 중		적중
英		才	▶	
꽃부리 영		재주 재		영재
洗		練	▶	
씻을 세		익힐 련(연)		세련

1 주어진 뜻과 음에 일치하는 한자를 찾아 알맞은 기호를 표시하세요.

변할 변 ◯

볼 관 ☆

둥글 단 ▢

씻을 세 ◇

홀로 독 △

責　　變

團　△獨△

洗　　客

任　　觀

2 주어진 뜻과 한자를 연결하고 한자에 맞는 음을 쓰세요.

익히다 ·	· 養 ⇨	
맺다 ·	· 類 ⇨	
기르다 ·	· 結 ⇨	
씨 ·	· 種 ⇨	
무리 ·	· 練 ⇨	

3 주어진 뜻과 어울리는 한자어에 O 표시하세요.

1) 지위나 임무를 맡김.　　　　　　任命 / 奉獻

2) 가르쳐서 유능한 사람으로 기름.　養成 / 訓練

3) 국가나 정부 등을 이룩하여 세움.　團束 / 樹立

4 다음 글을 읽고 주어진 한자가 각각 몇 번 나왔는지 그 횟수를 쓰세요.

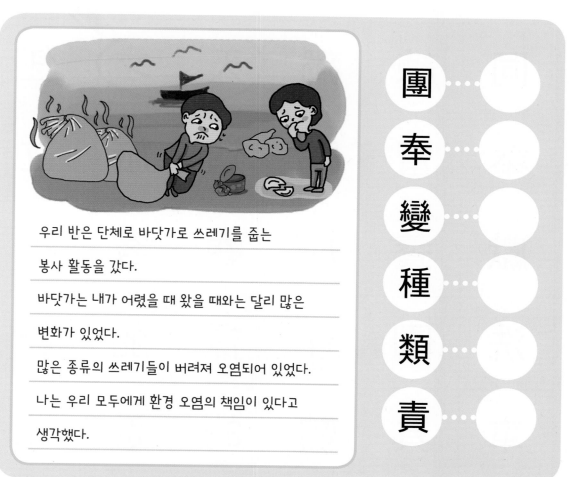

우리 반은 단체로 바닷가로 쓰레기를 줍는

봉사 활동을 갔다.

바닷가는 내가 어렸을 때 왔을 때와는 달리 많은

변화가 있었다.

많은 종류의 쓰레기들이 버려져 오염되어 있었다.

나는 우리 모두에게 환경 오염의 책임이 있다고

생각했다.

團 ····· ◯
奉 ····· ◯
變 ····· ◯
種 ····· ◯
類 ····· ◯
責 ····· ◯

마무리 퀴즈

〈보기〉의 12개 단어와 일치하는 한자어가 아래의 표에 숨어있어요.
번호 순서대로 표에서 한자어를 찾아 O 표시하세요.

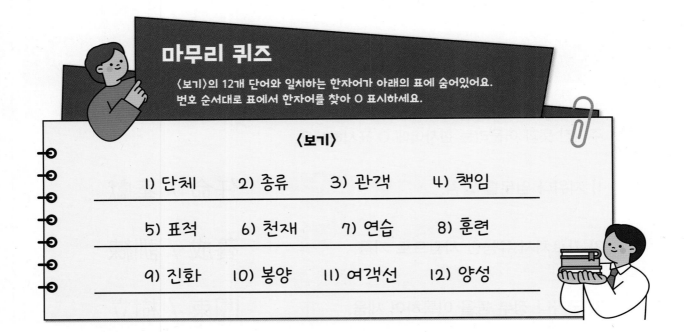

〈보기〉

1) 단체　　2) 종류　　3) 관객　　4) 책임

5) 표적　　6) 천재　　7) 연습　　8) 훈련

9) 진화　　10) 봉양　　11) 여객선　　12) 양성

訓	變	品	英	國	責
同	練	獨	天	才	任
奉	習	種	類	旅	立
獻	養	成	觀	客	場
洗	團	任	標	船	結
車	具	體	的	進	化

各	角	界	計	高
각각 **각**	뿔 **각**	지경 **계**	셀 **계**	높을 **고**
公	共	功	果	科
공평할 **공**	한가지 **공**/함께 **공**	공 **공**	실과 **과**	과목 **과**
光	球	今	急	短
빛 **광**	공 **구**	이제 **금**	급할 **급**	짧을 **단**
堂	代	對	圖	讀
집 **당**	대신할 **대**	대할 **대**	그림 **도**	읽을 **독**, 구절 **두**
童	等	樂	利	理
아이 **동**	무리 **등**	노래 **악**, 즐길 **락** (낙), 좋아할 **요**	이로울 **리(이)**	다스릴 **리(이)**
明	聞	半	反	班
밝을 **명**	들을 **문**	반 **반**	돌이킬 **반**/돌아올 **반**	나눌 **반**
發	放	部	分	社
필 **발**	놓을 **방**	떼 **부**	나눌 **분**	모일 **사**
書	線	雪	成	省
글 **서**	줄 **선**	눈 **설**	이룰 **성**	살필 **성**, 덜 **생**
消	術	始	身	神
사라질 **소**	재주 **술**	비로소 **시**	몸 **신**	귀신 **신**
信	新	弱	藥	業
믿을 **신**	새 **신**	약할 **약**	약 **약**	업 **업**

勇	用	運	音	飮
날랠 용	쓸 용	옮길 운	소리 음	마실 음
意	作	昨	才	戰
뜻 의	지을 작	어제 작	재주 재	싸움 전
庭	第	題	注	集
뜰 정	차례 제	제목 제	부을 주	모을 집
窓	淸	體	表	風
창 창	맑을 청	몸 체	겉 표	바람 풍
幸	現	形	和	會
다행 행	나타날 현	모양 형	화할 화	모일 회

★ 6급 한자(75자) ★

感	強	開	京	古
느낄 감	강할 강	열 개	서울 경	옛 고
苦	交	區	郡	根
쓸 고	사귈 교	구분할 구/지경 구	고을 군	뿌리 근
近	級	多	待	度
가까울 근	등급 급	많을 다	기다릴 대	법도 도, 헤아릴 탁
頭	例	禮	路	綠
머리 두	법식 례	예도 례	길 로	푸를 록
李	目	美	米	朴
오얏 리(이)/성씨 리(이)	눈 목	아름다울 미	쌀 미	성 박

番	別	病	服	本
차례 번	다를 별/나눌 별	병 병	옷 복	근본 본
使	死	席	石	速
하여금 사/부릴 사	죽을 사	자리 석	돌 석	빠를 속
孫	樹	習	勝	式
손자 손	나무 수	익힐 습	이길 승	법 식
失	愛	夜	野	陽
잃을 실	사랑 애	밤 야	들 야	볕 양
洋	言	英	永	溫
큰바다 양	말씀 언	꽃부리 영	길 영	따뜻할 온
園	遠	由	油	銀
동산 원	멀 원	말미암을 유	기름 유	은 은
醫	衣	者	章	在
의원 의	옷 의	놈 자	글 장	있을 재
定	朝	族	晝	親
정할 정	아침 조	겨레 족	낮 주	친할 친
太	通	特	合	行
클 태	통할 통	특별할 특	합할 합	다닐 행, 항렬 항
向	號	畫	黃	訓
향할 향	이름 호	그림 화, 그을 획	누를 황	가르칠 훈

초등 3 한자 마무리 테스트

[문제 1-20] 다음 밑줄 친 漢字語한자어의 讀
音(독음: 읽는 소리)을 쓰세요.

〈보기〉漢字 → 한자

[1] 가수가 노래를 마치자 觀客들이 박수를 쳤
습니다.

[2] 나는 케이크의 촛불을 끄며 所願을 빌었습
니다.

[3] 우리는 주말 아침에 公園으로 산책을 갔습
니다.

[4] 경기가 회복되면서 물가가 安定되었습니
다.

[5] 나는 학교에서 돌아와 宿題를 했습니다.

[6] 그 드라마는 요즘 세대들에게 많은 共感을
불러일으켰습니다.

[7] 그는 우리 모두가 환경 오염에 責任이 있
다고 주장했습니다.

[8] 우리 할아버지는 올해 年歲가 아흔이십니다.

[9] 우리는 홍수 피해 지역 復舊를 위해 현장
으로 봉사활동을 갔습니다.

[10] 우리 언니는 올해 고등학교를 卒業합니다.

[11] 그는 현대 미술에 關心이 많습니다.

[12] 그는 배낭여행을 하며 識見을 넓혔습니다.

[13] 어머니는 시장에서 新鮮한 채소와 과일
을 사오셨습니다.

[14] 양궁 선수가 쏜 화살이 과녁에 的中했습
니다.

[15] 동생은 歷史 과목을 좋아합니다.

[16] 동생과 주말에 놀이공원에 가기로 約束
했습니다.

[17] 이번 수학 시험은 問題가 어려웠습니다.

[18] 모든 학생은 例外 없이 교칙을 지켜야 합
니다.

[19] 나는 아침에 일어나서 洗手를 합니다.

[20] 우리 가족은 이번 휴가 때 제주도로 여행
을 가기로 決定했습니다.

[문제 21-38] 다음 漢字_{한자}의 訓_(훈: 뜻)과 音_(음: 소리)을 쓰세요.

〈보기〉漢 → 한나라 한

[21] 陸

[22] 庭

[23] 章

[24] 孫

[25] 訓

[26] 息

[27] 景

[28] 功

[29] 共

[30] 圖

[31] 劃

[32] 部

[33] 流

[34] 線

[35] 當

[36] 級

[37] 過

[38] 原

[문제 39-42] 다음 訓_(훈: 뜻)과 音_(음: 소리)에 맞는 漢字_{한자}를 〈보기〉에서 골라 그 번호를 쓰세요.

〈보기〉
① 識   ② 願   ③ 根   ④ 消

[39] 뿌리 근

[40] 알 식

[41] 사라질 소

[42] 원할 원

[문제 43-44] 다음 밑줄 친 漢字語_{한자어}를 〈보기〉에서 찾아 그 번호를 쓰세요.

〈보기〉
① 陸橋   ② 種類   ③ 奉獻   ④ 禮節

[43] 우리는 예절을 갖추어 인사했습니다.

[44] 화원에는 다양한 종류의 식물들이 있었습니다.

[문제 45-46] 다음 漢字한자의 상대 또는 반대되는 漢字한자를 〈보기〉에서 골라 그 번호를 쓰세요.

〈보기〉

① 勞　　② 樂　　③ 陽　　④ 晝

[45] (　　) ↔ 夜

[46] 苦 ↔ (　　)

[문제 47-48] 다음 뜻에 맞는 漢字語한자어를 〈보기〉에서 찾아 그 번호를 쓰세요.

〈보기〉

① 道理　　② 記號　　③ 罰則　　④ 德談

[47] 다른 사람이 잘 되기를 비는 말.

[48] 어떤 뜻을 나타내기 위해 쓰는 부호, 문자 등을 이르는 말.

[문제 49-50] 다음 漢字한자의 진하게 표시한 획은 몇 번째 쓰는지 〈보기〉에서 찾아 그 번호를 쓰세요.

① 첫 번째　　　② 두 번째

③ 세 번째　　　④ 네 번째

⑤ 다섯 번째　　⑥ 여섯 번째

⑦ 일곱 번째　　⑧ 여덟 번째

⑨ 아홉 번째　　⑩ 열 번째

[49]

[50]

문제 풀면서 복습

01

이를 치 – 致
한가지 공/함께 공 – 共
공평할 공 – 公
사라질 소 – 消
볕 양 – 陽

02

볕 – 景 경
좋아하다 – 樂 요
지경 – 界 계
공부하다 – 課 과
업 – 業 업

03

1) 朗讀 2) 消費 3) 景氣

04

讀-2번 圖-1번 勇-3번
共-1번 公-2번 課-1번

독서(讀書)의 계절인 가을을 맞아 나는 공공(公共)도서관(圖書館)에서 책을 한 권 빌렸다.
어느 용감(勇敢)한 기사의 무용담(武勇談)에 관한 책이었다.
주인공(主人公)이 굉장히 용기(勇氣) 있고 멋진 인물이었다.
책을 다 읽고 학교에서 과제(課題)로 내준 독후감(讀後感)을 썼다.

마무리 퀴즈

1) 공공 2) 경치 3) 소식 4) 과제
5) 주인공 6) 자수성가 7) 성과 8) 낙관
9) 경관 10) 산업 11) 경기 12) 공감

정답 11~20

문제 풀면서 복습

01
해 세 – 歲
그을 획 – 劃
공 구 – 球
가르칠 훈 – 訓
무리 등 – 等

02
등급 – 級 급
지나다 – 歷 력(역)
글 – 章 장
그림 – 圖 도
손자 – 孫 손

03
1) 文學　　　　2) 區劃　　　　3) 年歲

04
文-2번　　　章-2번　　　級-1번
優-1번　　　等-1번　　　孫-1번

> 우리 형은 대학에서 국어 문학(文學)을
> 전공한다.
> 형은 교수님이 자신이 쓴 문장(文章)을
> 월장성구(月章星句)라고 하면서 칭찬
> 했다고 자랑했다.
> 나도 우리 학급(學級)에서 우등생(優等
> 生)이라고 자랑했다.
> 그런 우리를 보고 할아버지께서는 손자(孫
> 子)가 모두 똑똑해서 기쁘다고 하셨다.

마무리 퀴즈

1) 등급　　2) 도형　　3) 계획　　4) 한반도
5) 교훈　　6) 세월　　7) 우등　　8) 교양
9) 정신　　10) 손자　　11) 형식　　12) 만세

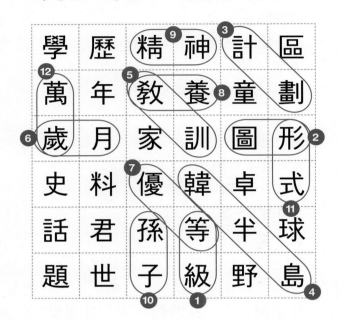

정답 21~30

문제 풀면서 복습

01
뿌리 근 – 根
말미암을 유 – 由
법칙 칙 – 則
동산 원 – 園
떼 부 – 部

02
붓다 – 注 주
뜰 – 庭 정
줄 – 線 선
이름 – 號 호
펴다 – 展 전

03
1) 法典　　　2) 傳記　　　3) 教則

04
展-3번　　　傳-1번　　　記-2번
流-1번　　　線-2번　　　號-1번

나는 엄마와 함께 미술 전시(展示)에 다녀왔다.
전시(展示) 첫 부분에는 미술가의 전기(傳記)가 간략하게 적혀 있었다.
그 미술가는 음악가들과 활발하게 교류(交流)하여 작곡가들과도 친하다고 했다.
전시(展示)에는 곡선(曲線)과 직선(直線) 그리고 기호(記號)들을 이용한 그림들이 많았다.

마무리 퀴즈

1) 근본　　2) 전개　　3) 정원　　4) 급류
5) 법칙　　6) 주의　　7) 개발　　8) 벌칙
9) 시급　　10) 가정　　11) 본질　　12) 이성

信	號	時	急⑨	理⑫	性
根①	本	直	流④	學	部
意	質	線	展	望	分
救	急⑪	藥	開②	發	家
別	罰⑧	歌	注⑦	流⑩	庭
法⑤	則	曲	意⑥	通	園③

문제 풀면서 복습

01
법 식 – 式
결단할 결 – 決
차례 번 – 番
재주 술 – 術
법식 례(예) – 例

02
돌다 – 週 주
자다 – 宿 숙
제목 – 題 제
정하다 – 定 정
옛, 오래되다 – 舊 구

03
1) 參席　　　2) 公式　　　3) 所得

04
參–2번	週–2번	末–1번
舊–2번	式–1번	晝–1번

나는 이번에 수학 경시대회에 참가(參加)한다.
대회가 일주일(一週日) 밖에 남지 않아 주말(週末)에도 도서관에 가서 공부를 한다.
대회에 같이 참가(參加)하는 친구(親舊)는 수학 공식(公式)이 잘 안 외워진다고 하며 힘들어 했다.
하지만 친구(親舊)는 일등을 해서 상을 타겠다고 하며 주야(晝夜)로 공부를 한다.

마무리 퀴즈

1) 주말　　2) 숙소　　3) 당번　　4) 격식
5) 속전속결　6) 특례　7) 주야장천　8) 공석
9) 참석　　10) 당선　　11) 번지　　12) 예외

晝	式	望	醫	師	聞
號	夜	公	格	所	得
當	選	長	式	特	例
番	地	期	川	空	外
宿	安	定	參	席	週
所	速	戰	速	決	末

정답 41~50

175

문제 풀면서 복습

01
말씀 담 – 談
마디 절 – 節
뭍 륙(육) – 陸
지날 과 – 過
관계할 관 – 關

02
곱다 – 鮮 선
알다 – 識 식
생각 – 念 념(염)
인하다 – 因 인
맺다 – 約 약

03
1) 禮節   2) 陸橋   3) 理念

04
節-2번   通-1번   德-1번
念-1번   願-2번   所-1번

우리는 설 명절(名節)을 맞아 대중교통
(交通)을 타고 할아버지 댁에 갔다.
우리는 예절(禮節)을 갖춰 할아버지께
세배를 했다.
할아버지께서는 우리에게 새해 덕담(德
談)을 해주셨다.
나는 가족 모두가 건강하기를 염원(念
願)하며 새해 소원(所願)을 빌었다.

마무리 퀴즈

1) 요약   2) 원리   3) 관념   4) 착륙
5) 온고지신   6) 상관   7) 지리   8) 원인
9) 상담   10) 육지   11) 신록   12) 조선

정답 51~60

01
변할 변 – 變
볼 관 – 觀
둥글 단 – 團
씻을 세 – 洗
홀로 독 – 獨

02
익히다 – 練 련(연)
맺다 – 結 결
기르다 – 養 양
씨 – 種 종
무리 – 類 류(유)

03
1) 任命   2) 養成   3) 樹立

04
團–1번   奉–1번   變–1번
種–1번   類–1번   責–1번

우리 반은 단체(團體)로 바닷가로 쓰레기를 줍는 봉사(奉仕) 활동을 갔다.
바닷가는 내가 어렸을 때 왔을 때와는 달리 많은 변화(變化)가 있었다.
많은 종류(種類)의 쓰레기들이 버려져 오염되어 있었다.
나는 우리 모두에게 환경 오염의 책임(責任)이 있다고 생각했다.

마무리 퀴즈

1) 단체   2) 종류   3) 관객   4) 책임
5) 표적   6) 천재   7) 연습   8) 훈련
9) 진화   10) 봉양   11) 여객선   12) 양성

초등 3 한자 마무리 테스트

1 관객 **2** 소원 **3** 공원 **4** 안정 **5** 숙제 **6** 공감 **7** 책임 **8** 연세 **9** 복구 **10** 졸업 **11** 관심 **12** 식견 **13** 신선 **14** 적중 **15** 역사 **16** 약속 **17** 문제 **18** 예외 **19** 세수 **20** 결정 **21** 뭍 륙(육) **22** 뜰 정 **23** 글 장 **24** 손자 손 **25** 가르칠 훈 **26** 숨쉴 식 **27** 볕 경 **28** 공 공 **29** 한가지 공/함께 공 **30** 그림 도 **31** 그을 획 **32** 떼 부 **33** 흐를 류(유) **34** 줄 선 **35** 마땅 당 **36** 등급 급 **37** 지날 과 **38** 언덕 원 **39** ③ **40** ① **41** ④ **42** ② **43** ④ **44** ② **45** ④ **46** ② **47** ④ **48** ② **49** ⑤ **50** ⑦